Historia de la India

Una Fascinante Guía por la Antigua India, la Historia Medieval, y la India Actual Incluyendo Historias como el Imperio Maurya, el Raj Británico, Mahatma Gandhi, y Más

© Copyright 2020

Todos los derechos reservados. Ninguna parte de este libro puede ser reproducida de ninguna forma sin el permiso escrito del autor. Los revisores pueden citar breves pasajes en las reseñas.

Descargo de responsabilidad: Ninguna parte de esta publicación puede ser reproducida o transmitida de ninguna forma o por ningún medio, mecánico o electrónico, incluyendo fotocopias o grabaciones, o por ningún sistema de almacenamiento y recuperación de información, o transmitida por correo electrónico sin permiso escrito del editor.

Si bien se ha hecho todo lo posible por verificar la información proporcionada en esta publicación, ni el autor ni el editor asumen responsabilidad alguna por los errores, omisiones o interpretaciones contrarias al tema aquí tratado.

Este libro es solo para fines de entretenimiento. Las opiniones expresadas son únicamente las del autor y no deben tomarse como instrucciones u órdenes de expertos. El lector es responsable de sus propias acciones.

La adhesión a todas las leyes y regulaciones aplicables, incluyendo las leyes internacionales, federales, estatales y locales que rigen la concesión de licencias profesionales, las prácticas comerciales, la publicidad y todos los demás aspectos de la realización de negocios en los EE. UU., Canadá, Reino Unido o cualquier otra jurisdicción es responsabilidad exclusiva del comprador o del lector.

Ni el autor ni el editor asumen responsabilidad alguna en nombre del comprador o lector de estos materiales. Cualquier desaire percibido de cualquier individuo u organización es puramente involuntario.

Tabla de Contenido

INTRODUCCIÓN 1
CAPÍTULO 1 – EL VALLE DEL RÍO INDO 3
CAPÍTULO 2 – MITOLOGÍA DE LA ERA VÉDICA 7
CAPÍTULO 3 – LA INDIA ARIA Y EL GRAN DEBATE VÉDICO 11
CAPÍTULO 4 – ALEJANDRO EL GRANDE 13
CAPÍTULO 5 – EL IMPERIO DE CHANDRAGUPTA MAURYA 17
CAPÍTULO 6 – BUDISMO Y EL REMORDIMIENTO DE ASHOKA ... 20
CAPÍTULO 7 – EL RETORNO DE LOS GRIEGOS 25
CAPÍTULO 8 – EL IMPERIO DE GUPTA 29
CAPÍTULO 9 – DESCUBRIMIENTOS MATEMÁTICOS ANTIGUOS ... 34
CAPÍTULO 10 – EL SULTANATO DE DELHI 39
CAPÍTULO 11 – BABUR Y EL IMPERIO MOGOL 44
CAPÍTULO 12 – EL TAJ MAHAL Y UNA HISTORIA DE AMOR 48
CAPÍTULO 13 – INDIA ES "REDESCUBIERTA" POR PORTUGAL ... 52
CAPÍTULO 14 – EL IMPERIO DE MARATHA 57
CAPÍTULO 15 – LA COMPAÑÍA BRITÁNICA DE LAS INDIAS ORIENTALES 60
CAPÍTULO 16 – EL GOBIERNO DE LA COMPAÑÍA BRITÁNICA DE LAS INDIAS ORIENTALES 64
CAPÍTULO 17 – EL RAJ BRITÁNICO 68

CAPÍTULO 18 - EL SISTEMA DE CASTAS 73
CAPÍTULO 19 - MOHANDAS GANDHI..77
CAPÍTULO 20 - LA MARCHA DE LA SAL Y LA INDEPENDENCIA 83
CAPÍTULO 21 - VIDA SALVAJE, ANTES Y AHORA 87
CAPÍTULO 22 - UNA BREVE HISTORIA DEL CURRY 92
CAPÍTULO 23 - EL PROGRAMA ESPACIAL 98
EPÍLOGO 103
REFERENCIAS..108

Introducción

India es un país repleto de misterio, riqueza y profundo descubrimiento espiritual. Cada faceta de esta antigua tierra parece perfumada con las famosas especias que atrajeron a los comerciantes europeos a sus costas hace más de cinco siglos. Aquí, musulmanes, hindúes, cristianos, sikhs y budistas viven hombro con hombro en un mundo repleto de múltiples dioses y rutas de peregrinación yuxtapuestas, cada una perfectamente pacífica en sus propias creencias y tradiciones.

Más de mil millones de personas viven en el subcontinente indio, trabajando en una variedad de industrias que comienzan en el sector agrícola y culminan en el mundo empresarial de alta tecnología de Delhi. La fabricación intensiva y las tecnologías digitales han llevado a la India actual al mercado global, comercializando software de comunicaciones, servicio al cliente y gestión de TI, pero están lejos de las tecnologías e industrias que ponen esta tierra antigua en cada mapa. Mucho antes del Raj británico o el comercio del té, India era apreciada por sus especias y joyas. Durante gran parte de la historia, India proporcionó la mayoría de los diamantes del mundo de sus propias minas. Algunas de esas gemas brillantes y perfectas adornan los gustos de las joyas de la corona británica.

La canela, el cardamomo, la cúrcuma, las sedas y los textiles permanecen a la vanguardia del mercado indio, mientras que las ciudades del país adoptan el trabajo de oficina en forma de atención médica, seguros y administración bancaria. Donde ahora existen negocios de textiles y rascacielos del siglo XXI, anteriormente solo había túnicas religiosas y mercados de pescado. En la India, sin embargo, la modernidad no necesita tomar el lugar de la antigüedad; en las muchas ciudades y pueblos del subcontinente, los monjes vestidos de manera tradicional caminan por las calles recitando sus cánticos junto a un desfile en honor al dios hindú Shiva, mientras que a una cuadra cientos de indios de habla inglesa dejan sus maletines y se conectan a internet para comenzar su día de trabajo.

La India es absolutamente única en la forma en que ha aportado sus historias y tradiciones antiguas a la era moderna. Ganesh y Shiva han acompañado a su gente desde el valle del río Indo, la primavera de la civilización india, a través del Ganges y avanzan a través del tiempo.

Capítulo 1 – El Valle del Río Indo

Es fácil observar un mapa político actual y reconocer el país que habita el inmenso subcontinente del sur de Asia. La mayoría de sus fronteras están definidas por océanos cálidos; el noreste delineado por las imponentes montañas del Himalaya. Sin embargo, en el extremo noroeste de la India actual, se ha eliminado una pieza crucial: la del valle del río Indo, que se encuentra en el Pakistán de hoy. A pesar de la separación política, fue de esta sección fértil del subcontinente que la civilización india surgió.

Así como los ríos Éufrates y Tigris se convirtieron en la cuna de la civilización para los pueblos antiguos de Mesopotamia (actualmente Iraq), el valle del río Indo y el río Sarasvati proporcionaron los recursos y la seguridad que las primeras personas del sur de Asia necesitaban para construir ciudades y consolidar su riqueza. Ya en el año 3000 a. C., el valle del río floreció con construcciones elevadas, agricultura y comercio que se extendía desde el actual Afganistán hasta el norte de la India. Hasta seis millones de personas pudieron haber vivido ahí durante el apogeo de la civilización Indo-Sarasvati, hace aproximadamente 4.000 años.

La característica más importante del valle del Indo era, y sigue siendo, el río que se extiende al sudoeste a través de todo Pakistán hasta encontrarse con el mar Arábigo. Era un tramo atrayente de tierra fértil adyacente al agua para nómadas e inmigrantes, incluso miles de años antes de que aparecieran las grandes ciudades. La afluencia de ideas ayudó a solidificar el futuro del valle como un asentamiento permanente, mientras que sus habitantes aprendieron a cultivar sésamo, arroz, guisantes, dátiles y caña de azúcar. Utilizaron algodón y cáñamo para textiles y crearon ladrillos de arcilla cocida al fuego para construir.

Gracias al afecto por la búsqueda arqueológica que fue tendencia durante el reinado de la reina Victoria de Inglaterra, los cazadores de tesoros indios y británicos descubrieron y catalogaron múltiples sitios a lo largo del río Indo. La primera prueba arqueológica de la poderosa y antigua cultura india provino de Harappa, lo que provocó que la civilización y la cultura de estas primeras personas a menudo se denominaran Harappan. Las ruinas de la ciudad, redescubiertas por primera vez en 1826, se encuentran en el distrito Sahiwal de Pakistán, cerca de la frontera con la India. El descubrimiento de Harappa por parte de esos investigadores desafió la creencia de la mayoría de los historiadores y arqueólogos occidentales de que los únicos asentamientos humanos significativos en esa parte del mundo eran iraquíes.

La ciudad fue sometida a una intensa expedición arqueológica en 1920 y 1921, un proyecto dirigido por Rai Bahadur Daya Ram Sahni y el Servicio Arqueológico de India. De las excavaciones de Sahni y sus sucesores, los historiadores aprendieron que la gente del valle del Indo de Harappa y otras ciudades contemporáneas a lo largo del Indo y Sarasvati estaban excepcionalmente bien estructuradas. Construyeron casas, templos y edificios públicos de ladrillo y los organizaron de manera ordenada, incluso hileras y plazas. El edificio más extenso de Harappa fue encontrado en el sitio de la antigua ciudad de Mohenjo-daro, hogar de una obra pública llamada Gran

Baño. Este edificio, junto con cada estructura en cada una de estas ciudades, estaba conectado a través de conductos subterráneos a un sistema de drenaje en toda la ciudad que rivalizaba con los sistemas actuales utilizados por los propios arqueólogos.

Los Harappans disfrutaron de todos los recursos naturales necesarios para producir excedentes de alimentos y promover el comercio y la vida comunitaria permanente. Dado que ambos sistemas fluviales se inundaron de forma fiable dos veces al año, los residentes pudieron sembrar y cosechar dos cosechas por año y mantener a sus familias, así como conservar alimentos almacenados. Estas personas sencillas vivían en grupos familiares y cultivaban trigo, cebada, algodón y cáñamo, mientras que a menudo mantenían varias vacas, ovejas y cabras. Fue la Revolución Neolítica: un período definitorio de la historia del sur de Asia durante el cual la gente pasó de los métodos tradicionales de caza y recolección nómada a un estilo de vida agrario. Para aquellos primeros indios, el centro de la revolución fueron las llanuras aluviales. Posiblemente, las ciudades más antiguas del mundo se encuentran dentro de ese millón de kilómetros cuadrados (386,000 millas cuadradas), caracterizadas no solo por edificios de ladrillo cuidadosamente construidos sino también por esculturas en miniatura, obras de arte, textos religiosos y artefactos comerciales como sellos personales utilizados para identificar productos comerciales. Los sellos y tabletas de arcilla presentan una escritura intraducible y dibujos inscritos de elefantes, leones y rinocerontes.

El pueblo Sarasvati desarrolló rutas comerciales regulares, métodos de construcción naval robusta y navegación para poder visitar las tierras al este y oeste, incluidas Mesopotamia y Egipto. Allí, trajeron su propio oro, cobre, madera, marfil y algodón, y compraron bronce, estaño, plata y esteatita para traer de vuelta a la India. Los arqueólogos han encontrado muchos de estos artículos en lugares inusuales, como el bronce, que no son nativos del valle del Indo, lo que demuestra el vínculo entre los grupos y las culturas vecinas.

Cientos de excavaciones en sitios de Harappa como Rupar y Kalibangan no revelaron muchos ejemplos de artefactos especializados que normalmente son una parte integral de la cultura antigua: el armamento. Se han encontrado lanzas de cobre en estos lugares, así como colecciones de bolas de arcilla que se supone que se utilizaron en defensa de la ciudad, pero son pocas y las obras de arte que retratan cualquier tipo de guerra son muy pocas y distantes. Aunque sería ingenuo suponer que los primeros indios del valle del Indo carecían totalmente de violencia y conflicto, la suya parece haber sido una cultura de paz. Los granjeros y constructores de ciudades de la civilización del valle del Indo prosperaron aproximadamente de 7000 a 3300 a. C.

Capítulo 2 – Mitología de la Era Védica

"Un día al amanecer, después de sus abluciones matutinas en las aguas del Sarasvati, Srila Vyasadeva se sentó a meditar. El gran sabio observó ciertas anomalías en la fibra del milenio... Él previó que la vida de todo lo material se vería truncada por falta de virtud".

(Del *Bhagavata Purana*)

Los antiguos indios creían que antes del comienzo de la creación, Lord Vishnu, el Preservador, dormía en el Océano de Todas las Causas con una serpiente gigante con muchas cabezas como cama. Mientras dormía, un loto brotó de su ombligo en el que estaba oculto Brahma, el dios de la Creación. Durante el día, Brahma crea nuestro mundo y las criaturas que viven en él, y durante la noche, todo lo que hizo se absorbe de nuevo en él. Cuando sea hora de que el mundo sea destruido, Shiva se presentará para destruir todo nuestro mundo.

Esta fue la historia de la creación del primer grupo religioso importante de la India cuyas creencias llegarían a registrarse en los cuatro textos védicos. La religión védica, a la que se refieren estos y otros artefactos arqueológicos, fue una parte importante de la antigua cultura india hace aproximadamente 6,000 años. Sus textos se denominaron Rig-Veda, Sama-Veda, Yajur-Veda y Atharva-Veda. Estas obras, originalmente transmitidas de sacerdote a sacerdote por palabra hablada, no se escribieron hasta aproximadamente el siglo VIII a. C.

A lo largo de los cuatro Vedas, se escribe una historia fantástica de la India, en la que varios dioses pseudo-humanistas crean, destruyen y visitan la tierra al azar para participar en una gran cantidad de guerras de justicia. Según las antiguas creencias, los dioses védicos podían habitar cualquiera de los tres planos de existencia: el universo, la tierra y los espacios intermedios. La historia central de la creación, tal como está escrita en los Vedas, incluye más detalles después del nacimiento de Brahma. Una de esas historias es la del dios Indra, rey de los cielos supremos, que se emborrachó con una bebida especial llamada soma y posteriormente liberó todos los ríos, lluvias, tormentas y relámpagos del mundo al matar a un dragón.

La India actual posee una gran cantidad de artefactos antiguos del pueblo védico de esa época temprana. Los objetos como ollas de barro, sellos administrativos, juguetes y estatuas son muy apreciados en colecciones privadas y museos de todo el mundo. Aunque estos artículos pueden decirnos mucho sobre la India antigua, el lenguaje utilizado en los sellos se ha perdido en la antigüedad. Nadie sabe cómo descifrar las inusuales letras, pero afortunadamente, como sus vecinos los egipcios, el pueblo védico hizo un uso liberal de los pictogramas. Un estudio cuidadoso de estos pictogramas y estatuas revela algo sorprendente: muchos de los símbolos y ceremonias religiosas de la cultura védica coinciden casi perfectamente con los de los hindúes de hoy.

Las pistas de los sitios arqueológicos de Sarasvati revelan una cultura cuyos sacerdotes llevaban puntos en la frente, cuyas mujeres casadas se pintaban una parte del cabello de color rojo y cuyos practicantes religiosos doblaban las piernas en lo que los yoguis llaman posición de "loto" mientras rezaban. Las imágenes esculpidas en arcilla y piedra hace miles de años muestran a un hombre meditando que se parece mucho al dios Shiva de los hindúes. Las similitudes son increíbles, y sirven para fortalecer los lazos entre la India actual y la antigua y denotan una cultura indígena de todas las tierras en las que alguna vez vivieron los Sarasvati.

Se cree que la religión védica comenzó a cambiar a una estructura que representa más de cerca el hinduismo en el siglo V a. C., aunque los Vedas siguen siendo el enfoque central del hinduismo en la actualidad. ¬La gente que primero leyó y habló de ellos no se asemeja mucho a quienes ahora cantan el Rig-Veda; sin embargo, el primero era un pueblo en gran parte pastoral cuyos medios de vida dependían de la cría de animales para la carne y la leche.

Hasta alrededor del año 1500 a. C., quienes creían en la historia del sueño del dios Vishnu y el universo del loto vivían en pequeñas comunidades urbanas que estaban unidas entre sí principalmente a través de las vías fluviales de la Tierra de los Siete Ríos. Las casas y templos de Sarasvati presentaban un foso de fuego, alrededor del cual las personas se reunían y adoraban a Indra como un dios del fuego. Los sacerdotes y muchos seguidores hindúes continúan esta práctica actualmente, cantando miles de himnos que se transmitieron oralmente durante milenios. La versión actual de ese dios del fuego védico es Agni, que representa el sol, el fuego del hogar, los rayos y las llamas de las ofrendas de sacrificios sagrados.

La verdadera diferencia entre el hinduismo y la religión védica de la antigua India es compleja, pero se podría decir que el primero insta a sus seguidores a buscar la verdad, y el segundo les insta a honrar las tradiciones del pasado. Esa curiosidad inicial por el significado y la verdad quizás se plasma mejor en el siguiente poema védico, que cuestiona incluso su propia historia de la creación:

> Quién sabe realmente y quién puede jurar
> ¡Cómo llegó la creación, cuándo o dónde!
> Incluso los dioses vinieron después del día de la creación,
> Quién sabe realmente, quién puede decir realmente

¿Cuándo y cómo comenzó la creación?

¿Él lo hizo? ¿O Él no lo hizo?

Solo Él, allá arriba, sabe, tal vez;

O tal vez, ni siquiera Él.

— *Rig Veda 10.129.1-7*

Mil millones de miembros de la fe hindú habitan el mundo actualmente, y aunque se extienden por 150 países, la mayoría de ellos todavía viven en la India. Las coloridas historias de dioses de muchas extremidades con piel azul y una inclinación por la batalla han sobrevivido mucho más tiempo que cualquier otra mitología humana hasta la fecha. Por lo tanto, los valores védicos y el estilo de vida, que se entrelazan con el hinduismo, siguen siendo un pilar de la historia, la cultura y la identidad de la India.

Capítulo 3 – La India Aria y El Gran Debate Védico

La cultura del valle del Indo / Harappan entró en declive después de 1900 a. C., al igual que el río Sarasvati. Ciertamente, esto no fue una coincidencia. Otros factores que se han citado como fundamentales en la decadencia y desaparición de las personas que construyeron Harappa y Mohenjo-daro, incluidos terremotos masivos, inundaciones y la falta de tecnología de guerra. Probablemente por todas estas razones, las personas que construyeron su mundo alrededor de los ríos Sarasvati e Indo abandonaron sus ciudades, no escribieron más en tablillas de arcilla y se desvanecieron en el fondo de un paisaje que alguna vez dominaron. A medida que la cultura desapareció, una nueva se mudó con un grupo de asiáticos del noroeste: los arios.

Los arios, un pueblo nómada, no alcanzaron las ciudades de Sarasvati, sino que probablemente se mudaron pacíficamente sobre las montañas Kush con su ganado, buscando un lugar donde sus animales pudieran pastar. A los recién llegados a las fértiles llanuras aluviales les agradaron las tierras que encontraron al otro lado del Himalaya, y continuaron a lo largo del Indo y Sarasvati al igual que el pueblo Harappan, mezclándose con la gente local en sus pocas comunidades restantes durante los próximos cuatro milenios. Fue una época de importancia monumental para la India, tanto como en masa continental como en términos de identidad.

El pueblo ario se unió con el Sarasvati hasta tal punto en muchos lugares que las dos culturas se unieron, y las creencias y tradiciones se fusionaron cuando la gente comenzó a hablar el idioma ario y los arios adoptaron las prácticas agrícolas del Sarasvati. Aunque no existen registros escritos de lo que sucedió exactamente durante esta fase de la historia de la India, no hay evidencia física de una adquisición hostil. Parece que la migración provocó una mezcla amistosa hasta que surgió una nueva cultura, y los pastores se establecieron en sus propias ciudades a lo largo del Indo y descendieron a lo largo del cauce seco del río Sarasvati.

Los investigadores creen que fueron estas personas arias, y no los habitantes originales del valle del Indo, quienes realmente escribieron los textos védicos que se convertirían en la literatura más importante del hinduismo. Esta conclusión se realizó en base a pistas arqueológicas y culturales de los sitios de Harappan. Si los arios escribieron los primeros mitos védicos y, por lo tanto, hindúes, no fueron los indios indígenas quienes desarrollaron este importante sistema de creencias. Quizás una teoría viable es la influencia mixta de los Harrapans y los Arios, quienes se unieron para crear los Vedas tan pacíficamente como se unieron para compartir la tierra.

Capítulo 4 – Alejandro el Grande

En la antigua Macedonia, a 6,000 kilómetros (4,000 millas) de distancia del subcontinente indio, un gobernante diferente a cualquier otro llegó al poder. La historia lo recuerda como Alejandro Magno, el joven emperador que extendió la cultura griega a la mitad del mundo con la punta de su espada. En 326 a. C., el conquistador fijó su mirada en el valle del río Indo después de salir victorioso de una exitosa campaña en Persia. Fue un desafío un tanto metafórico ya que Alejandro deseaba gobernar sobre todo el mundo conocido: los mapas de los antiguos griegos y macedonios solo llegaron hasta el mar Arábigo.

En el siglo IV a. C., la India estaba poblada por personas mixtas de ascendencia dravidiana y aria, cuyos grupos políticos eran numerosos en todo el paisaje. Aunque las personas compartían una cultura básica, se organizaron en una multitud de pequeños reinos y ciudades-estado; no había un líder de facto de la tierra. Para un aspirante a conquistador, esto solo hizo el trabajo más simple, ya que efectivamente podía marchar sobre cada política sucesiva y derrotar uno tras otro sin enfrentarse a la reacción violenta de un gobernante todopoderoso con ejércitos del mismo tamaño.

Con 45,000 soldados, Alejandro enfrentó a su próximo enemigo colonial en el lado este del río Indo. Preparado con los mejores barcos, planeó navegar por el Indo hacia el oeste, cruzando hacia el primer asentamiento urbano que encontró allí, en Taxila. Las tropas de Alejandro ganaron fácilmente la rápida rendición de Taxila sin siquiera una batalla, con lo cual varios comandantes macedonios quedaron a cargo de la ciudad mientras el ejército marchaba hacia el sur. Siendo de ascendencia griega, el ejército macedonio era excepcionalmente hábil en la navegación marítima, pero esta conquista en particular requería importantes operaciones por tierra. Había 160 kilómetros (100 millas) entre el Indo y los ríos Hydaspes; el emperador ordenó a sus tropas que deconstruyeran sus botes y llevaran las piezas a la siguiente vía fluvial. De esta manera, el viaje entre ríos tomó dos meses, incluido el tiempo de deconstrucción y reconstrucción. Al otro lado del Hydaspes aguardaba el reino de Porus.

El rey Porus era un reconocido y audaz gobernante de las tierras entre los ríos Hydaspes y Acesines, una región ahora llamada Punjab. Medía más de seis pies de altura, una marcada aberración de altura y tamaño en ese momento y lugar, y un temible guerrero que se levantaba a horcajadas sobre un elefante. Porus no se dignó a permitir que los macedonios gobernaran su reino sin ganarse ese derecho, por lo que reunió a su propio ejército para tratar de derrotarlos. Fue una inusual batalla entre hombres, elefantes y caballos. El ejército defensor estaba equipado con arcos y flechas que se operaban manteniendo el arco hacia abajo con un pie mientras tiraban de la cuerda lo más lejos posible. Además de los soldados, Porus tenía 200 elefantes de guerra entrenados para la batalla que tomaron su trabajo en serio.

El enfrentamiento en Hydaspes fue probablemente el más formidable soportado por el ejército macedonio durante su tiempo en la India. Se prolongó durante días mientras Alejandro maniobraba con sus caballos y tropas a través del río. Aunque las propias fuerzas de Porus fueron valientes e inteligentes, finalmente fueron derrotados por Alexander. Sin embargo, el emperador macedonio quedó impresionado por su adversario y propuso un compromiso en lugar de una toma total de las tierras del rey. Ofreció un cargo al lado del emperador mientras continuaba surcando la India, Porus estuvo de acuerdo y mantuvo su reino como líder subordinado bajo el emperador de Macedonia.

Su conocimiento y apoyo fueron sin duda una gran bendición para el ejército conquistador mientras avanzaba, esta vez hacia el este.

Al igual que los dravidianos y los arios antes que él, Alejandro Magno estaba obsesionado con el valle del río Indo. Incluso después de miles de años de presencia humana, la principal vía fluvial y la llanura de inundación de la India seguían siendo la parte más valiosa de la tierra, proporcionando no solo una fuente de agua dulce sino parcelas agrícolas adyacentes fértiles y lo suficientemente vastas como para alimentar ciudades repletas de ciudadanos y soldados. Como tal, el valle no carecía de su propia autoridad local y protectorado, y después de su monumental lucha con el rey Porus, Alejandro pensó en avanzar más al oeste por el camino del Indo. En cambio, cambió sus planes y declaró que el ejército se movería a lo largo del Ganges, una vía fluvial que había sucedido en gran medida a la del viejo Sarasvati en ubicación e importancia.

El siguiente adversario que Alejandro enfrentó fue Dhana Nanda, emperador de una vasta extensión de territorio dinástico en la sección oriental de la India actual. Nanda estaba equipado con miles de soldados y más elefantes incluso que el rey Porus, un hecho que no hizo nada para disuadir al ambicioso Alexander de 30 años. Sin embargo, asustó a sus tropas cansadas de la guerra, la mayoría de las cuales ya habían estado marchando con el ejército durante varios años. Cuando el ejército macedonio llegó al río Beas, justo antes de su destino previsto, las tropas invasoras habían tomado una decisión importante: con o sin Alejandro Magno, dejarían sus armas y regresarían por fin a casa. Se enfrentaron a los terribles rumores de miles de elefantes de guerra que esperaban su llegada al lado oriental del río Ganges. Aunque el Ganga a menudo se conoce como Ganges, la pronunciación en hindi es, de hecho, la primera. Enfrentando a un reconocido señor de la guerra y luchando con un ejército prácticamente amotinado a su lado, Alexander se vio obligado a renunciar y abandonar la India por completo. Dejó generales en las comunidades ya conquistadas del norte, incluido el leal rey Porus, pero personalmente regresó a Macedonia a través de Persia.

El viaje a casa fue inesperadamente fructífero y, sin embargo, casi devastador para Alejandro de Macedonia. Mientras cruzaba Punjab, el ejército en retirada, aún en gran número, se encontró con una tribu enemiga, los Malli. El ejército macedonio atacó con toda su fuerza contra un rival fuerte y decidido, y finalmente persiguió a los Malli a su ciudad natal. La Ciudadela, construida sobre una isla dentro de un bucle del río Hydraotis, era precaria y difícil de superar. Durante el asedio que siguió, el propio Alexander recibió un disparo en el pulmón con una flecha enemiga. Creyendo que su gran líder estaba muerto, los macedonios lucharon amargamente hasta que la ciudad fue tomada y los Malli fueron derrotados bajo su poderío militar. De hecho, gracias a los cuidados de su médico personal, Felipe de Acarnania, Alejandro reclamó la ciudad y la agregó a sus ganancias indias antes de retirarse con sus soldados, caballos y armamento. Dejó a sus administradores designados a cargo del tributo al imperio y nunca regresó a India o Macedonia, muriendo solo dos años después de una enfermedad desconocida en Babilonia.

Con el poderoso gobernante macedonio fuera de juego, India rápidamente volvió a caer en manos de los gobernantes locales. Fue solo 322 a. C., cuatro años después de que Alejandro Magno ingresó a la India desde el oeste, cuando surgió un nuevo líder para arrebatar el control del país de las manos de los griegos que quedaron atrás.

Capítulo 5 – El Imperio de Chandragupta Maurya

El autoproclamado salvador de la India fue Chandragupta Maurya, un hombre cuyo nacimiento está envuelto en misterio gracias a relatos históricos en conflicto. Los historiadores indios están de acuerdo en que, en algún momento de la juventud de Maurya, el gran filósofo político Vishnugupta, también conocido como Chanakya, lo adoptó como estudiante. Sus enseñanzas en política y guerra lo ayudaron a tomar el control del subcontinente y hacer posible que su familia dinástica transformara a India de una tierra de facciones políticas remotas en un imperio centralizado.

Chandragupta Maurya no fijó inmediatamente su mirada en el establecimiento de un imperio. De joven durante el tiempo de la invasión de Alejandro, Maurya era profesor en Takshasila (Taxila). Solo a instancias de su figura de gurú y padre, Vishnugupta, Maurya decidió involucrarse personalmente en el panorama político de la época. Vishnugupta estaba indignado por el gobierno macedonio impuesto a sus compatriotas y quedó sin esperanza después de que la derrota del señor de la guerra, el rey Porus, demostrara que los ejércitos indios existentes no podían igualar las fuerzas de Alejandro.

Sin embargo, cuando el ejército macedonio se fue, Vishnugupta y su protegido buscaron rectificar inmediatamente la situación.

Maurya y su mentor viajaron primero al Imperio nanda para hablar con Dhana Nanda, el gobernante cuyas tierras eran tan vastas y cuyos guerreros eran tan abundantes que habían ahuyentado al ejército macedonio con solo rumores. Sin embargo, cuando Maurya propuso la creación de una alianza entre los reinos de la India como un medio de autoprotección, Nanda se negó: se creía lo suficientemente poderoso e ingenioso como para cuidar sus propias tierras sin conceder nada a un aliado más débil. Maurya y Vishnugupta estaban perplejos y frustrados por la actitud de Nanda, pero pronto, el mayor de los dos se inspiró en un nuevo plan: si Nanda no podía ser persuadido para intensificar y crear una India unificada, entonces quizás su imperio debería ser tomado por alguien que se tomó en serio la unidad.

Gracias a la tutela de su protector, Maurya se educó en el arte de la guerra. Al lado de Vishnugupta, Maurya levantó un ejército creando múltiples alianzas políticas con otros gobernantes en toda la India. Textos como el Parishishtaparvan, que cuenta la historia de sus hazañas, afirma que encontró un fuerte aliado en el rey Parvatka del Himalaya. Con un ejército adecuado, los reformadores se dirigieron a la actual región de Magadha para apuntar sus espadas a Dhana Nanda. Los primeros esfuerzos de Maurya no tuvieron éxito, pero él siguió luchando y después de una larga serie de batallas logró finalmente capturar la ciudad capital de Nanda, Pataliputra, en 322 a. C.

La captura de Pataliputra fue el primer paso para reconstruir el poderoso Imperio de Maurya que duraría más de un siglo y reestructuraría a India como un pueblo unificado. Con Nanda bajo su poder, Maurya giró hacia el norte para enfrentarse a los macedonios que dejó Alejandro Magno. Se necesitaron varios años de campaña militar en Punjab y el antiguo Reino de Porus para remover a los estadistas conquistadores de sus puestos y reclamar la sección norte de la India, y para ese momento, uno de los generales macedonios había regresado para reclamar la tierra que había ayudado a Alejandro a conquistar.

Fue el general Seleuco quien regresó al valle del río Indo después de su exitoso reclamo de gobernar Babilonia y gran parte de las tierras asiáticas adyacentes de Alejandro. Esperando encontrar una gran extensión de tierra a lo largo del río en manos de sus compañeros macedonios, Seleucus se encontró enfrentando al recién nacido Imperio maurya. Era exactamente este escenario para el que el emperador maurya y Vishnugupta se habían estado preparando.

Seleuco luchó contra los ejércitos maurya durante dos años antes de admitir la derrota. Sin embargo, no se conformó con retirarse sin nada, por lo que firmó un tratado de paz formal con el emperador que se celebró con los matrimonios mixtos entre las familias de los gobernantes. La princesa macedonia, una de las hijas de Seleuco (aunque su nombre no es seguro) se casó con el emperador maurya. Ella se quedó en la India, mientras su padre y su ejército regresaron a Persia con un regalo de 500 elefantes de guerra.

A lo largo de 139 años de gobierno maurya, el imperio creó una gran cantidad de riqueza al importar y exportar bienes hacia y desde China, Sumatra, Persia, Ceilán y ciudades mediterráneas. Era la era de la famosa Ruta de la Seda, una ruta comercial establecida que unía todas las ciudades y puertos principales entre Constantinopla, capital del Imperio Romano en la Turquía actual y Beijing, China. Al enfocar sus negocios mercantiles en las ciudades locales a lo largo de la ruta, los maurios pudieron vender una colección de sedas y especias de productores locales, así como artículos exóticos como alfombras, metales preciosos y piedras, perfumes y telas que habían sido adquiridos de sus propios viajes a regiones cercanas.

El gran emperador se cansó de la vida militar en su vejez y renunció a su cargo para que su hijo, Bindusara, lo sucediera.

Capítulo 6 – Budismo y El Remordimiento de Ashoka

"Si me preguntaran bajo qué cielo la mente humana ha desarrollado más plenamente algunos de sus dones más selectos, ha reflexionado más profundamente sobre los mayores problemas de la vida y ha encontrado soluciones, debería señalar a la India".

(Max Mueller, *India: Lo Que Puede Enseñarnos*)

Al igual que su abuelo, Chandragupta Maurya, el emperador Ashoka fue criado para seguir el estilo de vida hindú. Leyó los textos védicos, educó a sus propios hijos en las ceremonias de las antiguas enseñanzas y se casó con muchas mujeres como era costumbre de su familia y su gente. Las creencias y costumbres espirituales no eran algo que pesaba mucho en la mente de un emperador que enlistaba su espada hasta que una batalla que le cambió la vida lo llenó de remordimiento. Fue la conquista de los Kalingas la que alteró para siempre el corazón del emperador Ashoka y el paisaje espiritual de la India.

El Reino de Kalinga estaba ubicado en el extremo sureste de la India actual, a lo largo de la Bahía de Bengala. En todas las direcciones, excepto en el este, Kalinga estaba rodeada por el Imperio maurya de Ashoka y, por lo tanto, bajo constante presión política para someterse al poder del emperador. Desde el establecimiento del imperio por el propio Chandragupta Maurya, el propósito del gobierno era integrar cada rincón del subcontinente bajo la autoridad centralizada de los emperadores, por lo que Ashoka se vio obligado a conquistarlo. Por lo tanto, poco después de haber sido reconocido como Emperador tras el retiro de su padre, Ashoka miró hacia Kalinga y se preparó para iniciar la guerra.

Se estima que 150,000 guerreros Kalinga y 100,000 guerreros maurya fueron asesinados en lo que se ha documentado como uno de los enfrentamientos más crueles y sangrientos del mundo. Se dice que el río Daya, que corría cerca del campo de batalla, se tiñó de rojo con la sangre de los soldados asesinados. De los Kalinga que sobrevivieron a la masacre, la mayoría fueron deportados de su tierra natal al mando del emperador Ashoka. El propio emperador hizo grabar estos informes sobre la superficie de grandes rocas para conmemorar sus logros y también para documentar su gran lamento por haber causado tanto sufrimiento en nombre del imperialismo. De hecho, había sido una experiencia que cambió la vida no solo para aquellos sometidos al Imperio mauryan o enviados fuera de la India por completo, sino para el líder del lado ganador. Ramesh Prasad Mohapatra afirmó en *Historia Militar de Orissa*:

> Ninguna guerra en la historia de la India es tan importante ni por su intensidad ni por sus resultados como la guerra de Ashoka en Kalinga. Ninguna guerra en los anales de la historia humana ha cambiado el corazón del vencedor de una crueldad desenfrenada a una piedad ejemplar como esta. Desde su insondable útero, la historia del mundo puede descubrir solo unas pocas guerras en su haber, que pueden ser iguales a esta guerra y no una sola que sería mayor que esta. La historia política de la humanidad es realmente una historia de guerras y ninguna guerra ha terminado con

una misión de paz tan exitosa para toda la humanidad devastada por la guerra como la guerra de Kalinga.

De hecho, una vez que Kalinga cayó ante las fuerzas de Ashoka y se reorganizó bajo el mando del imperio, el emperador Ashoka se comprometió a nunca más hacer la guerra para expandir su imperio. Había visto la destrucción, la miseria, el asesinato y el miedo de primera mano y fue cambiado por siempre. Conocido de antemano como un gobernante sangriento y salvaje, el emperador Ashoka emergió de la Guerra de Kalinga como un gobernante diferente. Ya no era un hindú decaído y un tirano sediento de sangre, tomó el camino del Buda como lo habían hecho muchos otros en su imperio. Los edictos que Ashoka había impreso en piedra certifican que "Después de que los Kalingas fueron conquistados, el Amado de los Dioses comenzó a sentir una fuerte inclinación hacia el Dhamma, un amor por el Dhamma y la instrucción en el Dhamma".

El Dhamma, también conocido en sánscrito como "Dharma", es difícil de traducir al inglés, aunque los estudiosos han sugerido que la "piedad", la "moralidad" y la "justicia" se pueden utilizar en su lugar. Esencialmente una construcción teórica sobre la espiritualidad y el estilo de vida, el monje Siddhartha Gautama propuso Dhamma aproximadamente dos siglos antes de que el emperador Ashoka sucediera al trono de su padre. Conocido después simplemente como el Buda, Siddhartha Gautama enseñó una vida de paz y tranquilidad a sus seguidores en toda la India, dando luz a una nueva escuela espiritual, la del budismo. Las filosofías y enseñanzas originales de Siddhartha evolucionaron a lo largo de los siglos, y finalmente se resumieron en cinco abstinencias principales: matar seres vivos, mentiras, intoxicación, conducta sexual inapropiada y robo. Esta base ética es la que se encuentra en el corazón del Dhamma, y son lo que inspiró al Emperador Ashoka a grabar los Edictos de Roca Mayores, la documentación continua de sus hazañas en una serie de rocas, como evidencia histórica de sus formas iluminadas.

Para cuando Ashoka era emperador, el budismo había sido adoptado por muchos indios que también rechazaban el uso del dinero, según su interpretación de las enseñanzas de Siddhartha. La ola del budismo también había llegado a miles de personas en las cercanías de Sri Lanka y Asia Central, y posteriormente se extendió a otras partes de Asia. Sintiendo una fuerte obligación moral de patrocinar las escuelas de budismo indio, Ashoka invirtió generosamente en la red budista de monasterios y líderes espirituales. Edificó grandes y extraordinarios templos a través de sus tierras en los que los muchos budistas del imperio podían reunirse, refugiarse y establecer una verdadera religión organizada. Las estupas erigidas por Ashoka estaban destinadas a imitar los túmulos funerarios originales de las dispersas cenizas de Buda. Aunque finalmente se erosionaron con el tiempo, muchas de las estupas de Ashoka fueron reconstruidas y se erigen hoy en día como un símbolo de la era dorada del budismo en la India.

Con su emperador recurriendo al Dhamma, la gente del Imperio maurya acudió a sus monasterios budistas locales para reclamar su propio amor por el Dhamma y comenzar un nuevo camino espiritual. Los monasterios se inundaron, de hecho, tanto que los líderes budistas de la India acordaron organizar el Tercer Consejo Budista en Pataliputra, cerca del Ganges, en 250 a. La primera razón para la reunión fue dirigirse a las decenas de miles de nuevos miembros que tenían creencias o estilos de vida en conflicto con el estricto Dhamma propuesto por sus líderes. Parecía que debido a la inmensa afluencia de riqueza que llegaba repentinamente a los templos desde nada menos que el emperador, la gente de todo el imperio había decidido unirse a la nueva fe y regocijarse por nada más que sus beneficios materiales.

Después del Concilio, los líderes budistas en el Imperio maurya y en el extranjero recibieron instrucciones de interrogar personalmente a cada uno de sus monjes, para determinar si estaban familiarizado con los conceptos del Dhamma. Quienes no tenían respuestas fueron eliminados de sus puestos y monasterios, purificando así el movimiento budista de miles de miembros no calificados. El emperador Ashoka, por su parte, se convirtió en un verdadero gobernante budista en todo lo que creía conveniente: no libró guerras por el dominio, evitó que su familia comiera todo menos una pequeña cantidad de carne, y realmente trató de satisfacer las necesidades básicas de su familia. Como él expresó en el Edictos de Roca Mayores, "Sea cual sea el esfuerzo que haga, me esfuerzo solo por pagar la deuda que tengo con todas las criaturas vivientes".

Bajo los sucesivos reyes de la dinastía Chandragupta Maurya, todo el subcontinente fue finalmente absorbido por el Imperio maurya. La mayor parte de la expansión fronteriza se debió al nieto de Chandragupta, el emperador Ashoka, quien es recordado simultáneamente como uno de los más grandes gobernantes de la India y uno de los más violentos. Bindusara y Ashoka fueron responsables de solidificar la economía de su imperio, aunque a través de medios muy diferentes. Si bien Bindusara era un gobernante en gran medida diplomático, utilizaba pactos y relaciones exteriores amistosas para conservar las fronteras firmes y el comercio floreciente; Ashoka lo hizo a través del miedo y el saqueo.

El emperador Ashoka es considerado por muchos como el mejor gobernante en la historia de la India, no por sus hazañas territoriales sino porque se convirtió en un emperador diferente después de que el dolor y la vergüenza lo golpearon en el corazón. Se cree que murió por causas naturales en 232 a. C.

Capítulo 7 – El Retorno de Los Griegos

Cuando el emperador Ashoka murió en 232 a. C., dejó atrás un imperio mayormente budista de aproximadamente 30 millones de habitantes. Habiendo sido un pilar de moralidad y grandeza para su pueblo, la muerte del emperador marcó el comienzo de un declive tanto en el budismo como en el Imperio maurya. Taxila primero se separó del imperio, citando un régimen tributario opresivo; fue solo el primero de una sucesión de políticas y reinos anexos en separarse del vasto imperio de retazos que Chandragupta y su familia habían reconstruido. Medio siglo después de la muerte de Ashoka, alrededor de 180 a. C., el último emperador maurya, Brihadnatha, fue asesinado por su propio general, Pushyamitra Shunga. Así comenzó el Imperio Shunga, un reino expansivo de la parte norte del subcontinente que existía junto a una serie de renovadas conquistas griegas.

Aunque la India había sacudido el dominio greco-macedonio solo un siglo y medio antes, Grecia y su vasta colección de territorios conquistados no se habían olvidado del subcontinente asiático repleto de tierras fértiles y vastos recursos materiales. *La Historia Natural* del escritor romano Plinio describió uno de los recursos más preciados de la India en esos años:

> El coral es tan valorado entre los indios como las perlas indias. También se encuentra en el mar Rojo, pero allí es de color más oscuro... Las bayas de coral no son menos valoradas por los hombres indios que las perlas indias de las señoras romanas. Los adivinos y videntes indios creen que el coral es potente como un hechizo para protegerse de los peligros. En consecuencia, se deleitan en su belleza y poder religioso. Antes de que esto se supiera, los galos solían decorar sus espadas, escudos y cascos con coral. Ahora es muy escaso debido al precio que exige, y rara vez se ve en su hábitat natural.

En su apogeo cultural y territorial de influencia en los años posteriores a la desintegración del Imperio maurya, Grecia se había expandido a una gama de reinos y territorios helenísticos, llamados así por la palabra Hellas, que significa Grecia. Estos reinos se extendían hacia el sur hasta el norte de África y hacia el norte desde el Mediterráneo hasta Asia. Los territorios griegos adyacentes a la India cayeron bajo el control de uno de los generales de Alejandro Magno, Seleuco, y permanecieron bajo control helenístico durante varias generaciones. Esta proximidad produjo los reinos greco-bactrianos e indo-griegos en el extremo norte del subcontinente.

India y sus vecinos adyacentes del norte cayeron bajo la fuerte influencia de los conquistadores helenísticos, mientras que la parte central del subcontinente permaneció unida bajo el liderazgo del emperador Shunga. En el extremo sur, el Reino de Kalinga había recuperado su independencia de los imperios externos, al igual que la dinastía Pandyan y múltiples regiones pequeñas y medianas. Aquí, una división cultural comenzó a mostrarse entre la gente del norte y la gente del sur. Los indios del sur no fueron tocados por la mano de los griegos, pero perseveraron como una cultura de la mayoría de los pueblos védicos e hindúes. En el norte, las religiones eran abundantes e incluso caprichosas en su adopción una tras otra. Los norteños bajo el dominio asiático y griego practicaban budismo, hinduismo, jainismo, helenismo y zoroastrismo. Como los griegos habían adorado durante mucho tiempo a múltiples dioses, sus creencias en evolución se fusionaron adecuadamente con las de sus colonias indias, chinas y pakistaníes.

En el este de la India central, Pushyamitra Shunga era un seguidor del dios védico, Lord Shiva, y como tal, se enfocó en los budistas de su reino. Más allá de promover a Shiva, el emperador Shunga ordenó matar activamente a los budistas para purificar sus creencias monoteístas; quizás es debido a esta forma flagrante de limpieza étnica que el budismo se redujo significativamente en favor de la mayoría de la India. Shunga estaba tan dedicado a la guerra en aras de la ganancia territorial como Ashoka había estado en contra, y a través de una serie de batallas tomó aproximadamente un tercio de la tierra total que India y las regiones adyacentes tenían para ofrecer.

Aunque Shunga y sus nueve sucesores dinásticos fueron ágiles con la espada, fue un período de la historia de la India en el que crecieron las artes y la educación. Fue a través del patrocinio real de Shunga que la literatura, la arquitectura y la búsqueda de educación superior y actividades artísticas fueron alcanzables para los ciudadanos del imperio. El registro arqueológico de ese período, desde aproximadamente 184 a. C. hasta 73 a. C., incluye una variedad de joyas finamente detalladas, pequeñas esculturas de terracota, grandes esculturas, tabletas y monumentos arquitectónicos. Este último incluye el salón chaitya en Bhaja y la famosa Gran Stupa en Sanchi. Aunque el primer emperador Shunga asesinó a los budistas directamente, los gobernantes dinásticos posteriores tomaron una actitud más reverente hacia los miembros de la fe pacífica, reparando respetuosamente los monumentos de Ashoka.

Al igual que el arte primitivo de los védicos, el arte Shunga presenta dioses de muchas extremidades con vestimenta y posturas simbólicas. Es fácil observar cómo el sucesor dominante del Imperio maurya protegió gran parte de la India futura de los cambios provocados por las ciudades y reinos griegos en el norte, principalmente en términos de religión. Durante este período, el hinduismo reinó entre los muchos caminos religiosos y espirituales que caracterizaron esa parte del mundo, tanto que dejó de considerarse una religión tanto como una forma de vivir para honrar las tradiciones de los predecesores.

Tanto el norte como el sur de la India se vieron afectados económicamente por la presencia griega en el Medio Oriente, y todo el subcontinente utilizó monedas fabricadas de una variedad de metales finos, incluidos el cobre y el oro. Las variedades del norte eran generalmente redondas según el estándar griego; los del sur conservaron sus rasgos indios clásicos y generalmente eran cuadrados. Las monedas presentaban emperadores helenísticos y dioses hindúes, dos idiomas, griego y sánscrito. Estos se utilizaron en el comercio no solo dentro de los reinos grecoindios sino también en lugares tan lejanos como China.

Aproximadamente en el 125 a. C., las construcciones grecoindias fueron parcialmente conquistadas por escitas de las regiones orientales de Asia. Esto causó que los griegos abandonaran Bactria y se mudaran más al sur en el centro de India. En el siglo I d. C., las tribus Yuezhi de China establecieron el Imperio kushan en lo que alguna vez fueron fortalezas indo-griegas y greco-bactrianas. Una vez más, los griegos fueron retirados del subcontinente, y esta vez, no volverían.

Capítulo 8 – El Imperio de Gupta

En el siglo IV EC, surgió un nuevo gobernante con un nombre bastante familiar: Chandragupta. Al igual que su homónimo de siglos pasados, Chandragupta I fue el primer emperador de su dinastía y el líder de un imperio que prosperaría durante más de 200 años. En el apogeo de su alcance, el Imperio gupta abarcaba prácticamente todo el noreste de la India actual, desde Punjab hasta Kamarupa.

Al igual que sus antepasados, los gobernantes gupta anexionaron la mayor parte de su imperio a través de la guerra; sin embargo, la vasta región bajo su control disfrutaba de relativa paz y seguridad. Bajo los guptas, esta sección de la India experimentó una edad de oro durante la cual las artes una vez más llegaron a la vanguardia de la vida civil. Aunque los gobernantes eran hindúes, eran tolerantes con los seguidores del budismo y el jainismo. Sin embargo, el Imperio gupta era una nación de más de una cultura, aunque todos los incluidos en él se consideran clásicamente indios. Había personas originales del valle del Indo, los arios y familias con herencia griega o china que vivían juntas bajo el refugio de los Himalayas. En tales condiciones, la búsqueda académica prosperó.

Se estableció una universidad budista en Nalanda, en la parte noreste del país, cerca de las montañas donde los templos budistas iluminan los valles entre cumbres, incluso hoy en día. La escuela se presentó como un orgulloso recordatorio de las raíces budistas de la India, incluso a raíz de la violenta y singular dinastía Shunga. Nalanda atrajo intelectos de cerca y de lejos, tanto dentro del Imperio gupta como del Tíbet, Nepal, China, Corea y otras civilizaciones asiáticas que buscaban estudiar una forma especializada de budismo: Mahayana. Esta escuela particular de budismo es probablemente puramente india en sus orígenes, ya que generalmente se cree que fue concebida dentro de la India.

Los budistas que siguen el camino Mahayana buscan la iluminación específicamente para el mejoramiento de todos los seres. Los escritos de los budistas Mahayana insisten en que el objetivo final de alcanzar la iluminación total se puede lograr dentro de una vida (los budistas creen en la posibilidad de más de una vida) y por cualquiera que se comprometa a vivir de acuerdo con el Dhamma.

> Ahora, yo, Buda Vairocana
> Estoy sentado encima de un pedestal de loto;
> En mil flores rodeándome
> Son mil Budas Sakyamuni.
> Cada flor soporta cien millones de mundos;
> En cada mundo aparece un Buda Sakyamuni.
> Todos están sentados debajo de un árbol Bodhi,
> Todos alcanzan simultáneamente la budeidad.
> Todos estos innumerables Budas
> Tener Vairocana como su cuerpo original.
> Estos innumerables Budas Sakyamuni
> Todos atraen seguidores, tan numerosos como
> motas de polvo.

(traducción de *Brahma Net Sutra*)

El concepto de iluminación, en términos de budismo, se relaciona con el conocimiento espiritual total. Según el Buda original, es la sabiduría suprema. Una de las facetas de este entendimiento se denomina "Tuka", la existencia de sufrimiento y cosas que son finitas. La segunda faceta de la iluminación es comprender por qué se produce cada uno de estos sufrimientos. Para los seguidores de cualquier escuela de pensamiento budista, cada nacimiento, sufrimiento y muerte tienen un propósito. La tercera faceta de la iluminación es el cese del sufrimiento, que incluye el final de la muerte. Finalmente, la iluminación incluye el conocimiento de cómo terminar con el sufrimiento.

Buda creía que, como humanos, estamos atrapados en la falsa realidad de las cosas materiales, las relaciones superficiales con los objetos y otras personas. En lugar de ceder a los anhelos de objetos, los maestros y estudiantes de Nalanda enseñaron que el camino hacia la iluminación era mirar más allá de los deseos instintivos. Para estos propósitos, los budistas en el Imperio gupta se centraron en la atención plena, la meditación y el minimalismo. En términos de las cinco abstinencias principales de la religión, la iluminación se puede medir por lo poco que se ve afectado por una vida libre de robo, conducta sexual inapropiada, mentira, intoxicación y matar criaturas vivientes.

Sin embargo, la educación en el Imperio gupta no solo estaba aislada de las enseñanzas budistas en Nalanda. La alternativa hindú a Nalanda y los monasterios budistas de la época eran los Brahmanical Agraharas, donde se enseñaban los temas de los textos védicos y subsectos como el Ayurveda. Ayurveda se traduce en "La ciencia de la vida", y se relaciona principalmente con alimentos y medicinas. Ayurveda tiene como objetivo explicar y ayudar a tratar las dolencias humanas utilizando alimentos, meditación y otros regímenes equilibrando los humores del cuerpo: tierra, aire, fuego, agua y éter. Cada tipo de alimento que potencialmente constituye la dieta de una persona, desde una simple lenteja hasta una pierna de cordero, se documenta cuidadosamente en términos de sus beneficios para la salud y posibles influencias negativas. Ayurveda, como una subsección de los principales Vedas hindúes, todavía se practica ampliamente en la actualidad.

Los Agraharas que enseñaron tal conocimiento fueron construidos en trozos de tierra legados a los guardianes de la fe hindú, conocidos como brahmanes, quienes a cambio conservarían templos y sitios religiosos en la tierra. Estos sitios a menudo se usaban como lugares de peregrinación para personas que buscaban un mayor conocimiento espiritual de los Vedas. La familia real gupta incurrió en los gastos de mantenimiento de los Agraharas.

Además del aprendizaje religioso y espiritual, universidades como la de Taxila ofrecieron lecciones de astronomía, matemáticas, ciencias, contabilidad, política, derecho, artes y arquitectura. Fue un período de bellas e intrincadas tallas de piedra, arquitectura grabada en roca y esculturas realistas que componen las obras de arte de época clásica de la India. Las representaciones realistas de Vishnu, Shiva y Buda se hicieron a mano en pintura, que se puede encontrar en las Cuevas de Ajanta, así como en piedra, como el enorme dios de tres cabezas en las Cuevas de Elephanta. Las cuevas excavadas en la roca, las viviendas y los edificios públicos son más abundantes en la India que en cualquier otra parte del mundo, gracias al increíble trabajo de los constructores pioneros del Imperio maurya y luego de los perfeccionistas decididos de los arquitectos de la era gupta.

Para crear una estructura roca tallada, el cantero tuvo que seleccionar un afloramiento de roca sólida de tamaño apropiado, generalmente arenisca o, en algunos casos, mármol. Los canteros también usaron las colinas de basalto de la cordillera Sahyadri en la parte occidental del país. Se cree que las primeras cuevas excavadas en la roca excavadas por los primeros constructores indios tenían la intención de imitar la oscuridad, el aislamiento y la soledad de las cuevas naturales, ya que las sectas religiosas que las usaban para rezar veneraban a las últimas. En la era de gupta, la construcción de cuevas se había perfeccionado y ampliado para incluir templos masivos excavados en la roca. Es una vista impresionante para contemplar, vasta en detalles ornamentales y lo suficientemente extensa como para competir con cualquier estructura independiente de la época. Desde la más humilde de las cuevas, completa con arcos tallados, con picos y paredes planas pulidas, hasta el intrincado Templo Mahabodhi en Bodh Gaya, es en gran parte de las obras creadas durante esos siglos de reinado gupta que podemos observar la unión de un estilo unificado de la arquitectura india.

La dinastía gupta creció en términos de territorio después del reinado de Chandragupta I, pasando a manos de miembros de la familia durante casi un siglo y medio hasta que los hunos, una tribu asiática nómada, invadieron en la última parte del siglo quinto. Fundamentalmente debilitados, los reyes gupta persistieron en gobernar sus pequeñas tierras restantes, pero finalmente, el imperio desapareció después de 550 EC. Hoy en día todavía se pueden visitar decenas de cuevas excavadas en roca.

Capítulo 9 – Descubrimientos Matemáticos Antiguos

"Le debemos mucho a los indios, que nos enseñaron a contar, sin lo cual no se podría haber hecho ningún descubrimiento científico que valga la pena".

(Albert Einstein)

El gran conocimiento de construcción no se obtuvo sin una sólida comprensión de la geometría y los conceptos matemáticos. En el siglo III d. C., los indios habían comenzado a utilizar un sistema de números decimales para expresar grandes valores que podrían haber sido introducidos por los comerciantes chinos. Los orígenes locales de este sistema no están claros, pero lo que es seguro es que los matemáticos indios revolucionaron la práctica de usar números del tercer al quinto siglo. De hecho, crearon un conjunto de números para usar para los valores del 1 al 9 que se convertirían en la base para el conteo y las matemáticas en todo el mundo. Este conjunto de números se acredita a Aryabhata en el siglo V o VI. Todavía usamos este sistema hindú-árabe hoy en día, independientemente de las diferencias regionales de idioma, lo que hace que las matemáticas sean un idioma verdaderamente universal que se extiende por las naciones.

Aryabhata también aproximó la relación Pi a cuatro decimales. Al hacerlo, se percató de que era un número irracional, lo que significa que cualquier cálculo en el que se usara solo podía ser una aproximación en el mejor de los casos. Sin embargo, observó el potencial de la aproximación de Pi y lo usó para calcular la circunferencia de la tierra dentro de los 113 kilómetros (70 millas) de la circunferencia real. Estos cálculos serían increíblemente importantes para el futuro de las matemáticas y la astronomía.

El matemático también se percató de que podía organizar ecuaciones para que aquellos con más de un valor faltante pudieran resolverse. Esto fue particularmente útil para trabajar con triángulos rectángulos, gracias a la función seno. Usando seno, una proporción específica de lados de un triángulo rectángulo que describe la medición precisa de ángulos agudos, Aryabhata logró refutar a los astrónomos que propusieron que la luna estaba más lejos de la tierra que el sol. La prueba estaba en los ángulos. Si dos personas ven el sol desde diferentes lugares, pueden reunir suficiente información para crear una representación triangular de sus posiciones de observación y el sol. Se puede mostrar de esta manera (aunque no a escala):

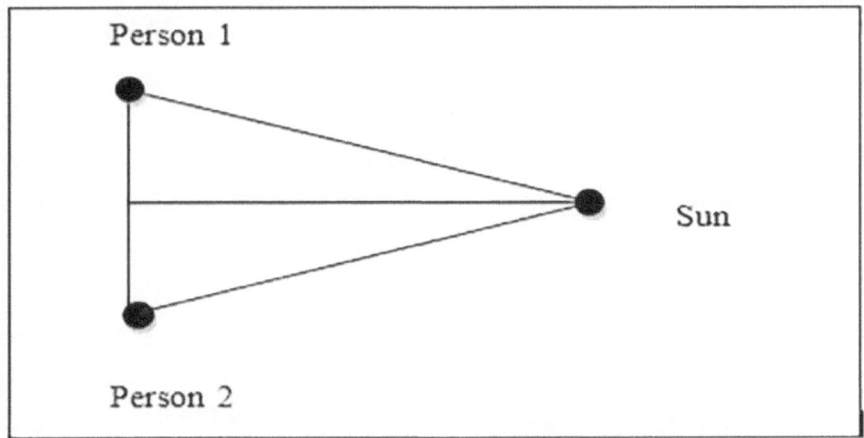

Entonces, si se hiciera un diagrama estelar simplista de los puntos fijos circundantes en el cielo, como la luna o Venus, por ejemplo, cada persona que observe el sol debe marcar la posición observada del sol. Si los observadores están separados por 10 metros, habrá una desconexión de diez metros en sus ubicaciones de objetos registrados en relación con los otros marcadores en el mapa estelar. Por lo tanto, se forma un nuevo triángulo como si el primero se hubiera volteado, dejando al sol en el mismo lugar.

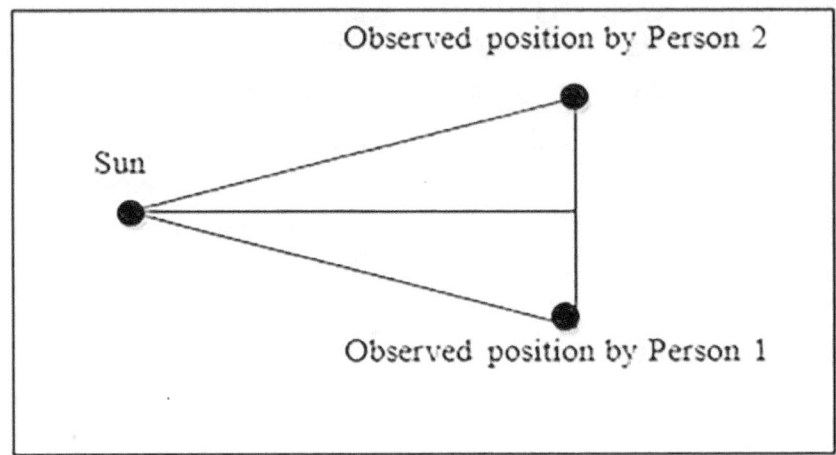

La distancia entre los observadores y sus respectivas posiciones observadas del sol es la misma. Dado que el cálculo debe realizarse en un triángulo rectángulo, el modelo se divide por la mitad, haciendo que la línea más corta del triángulo sea solo la mitad de la distancia que inicialmente estaba entre los dos observadores. Usando un cálculo secundario, los astrónomos pueden encontrar la medición angular precisa para ese ángulo más agudo, luego usar la relación seno para determinar la longitud de las otras dos líneas. Por lo tanto, el sol y la tierra están separados por casi 150 millones de kilómetros, o 93 millones de millas.

Aryabhata no fue el único innovador matemático que proveniente de la India. Otro contribuyente importante al campo fue Brahmagupta, un astrónomo y matemático indio del siglo VI. Su trabajo se evidencia en el interior de la ciudad de piedra arenisca de Fort Gwalior, en el centro de la India, donde los arqueólogos encontraron la primera prueba escrita de lo que quizás fue la mayor adición de la India a las matemáticas: el cero. Probablemente en uso desde el siglo V, el concepto de cero era difícil de comprender incluso para las mentes más brillantes de la época, y, sin embargo, era un dígito sin el cual el sistema numérico estaba incompleto. Los historiadores ubican el desarrollo conciso de este simple dígito en Brahmagupta.

Brahmagupta forjó las reglas fundamentales del uso del cero en los cálculos matemáticos, lo cual fue significativo porque hasta ese momento simplemente se había utilizado como marcador de posición en números más grandes. De acuerdo con estas reglas, 1 + 0 = 1; 1-0 = 1; y 1x0 = 0. Ahora, los cálculos extensos podrían llevarse a cabo fácilmente, ya sea suma, resta o multiplicación. Sin embargo, una de las reglas del cero evadió a Brahmagupta: la de su división. Este rompecabezas no se completaría por varios siglos más, pero los trabajos del matemático más famoso de la India ya habían cambiado la cara de la búsqueda de todo, desde la simple contabilidad pastoral hasta la trigonometría compleja y el álgebra necesarios para la astronomía.

Trabajando aún más con ceros, los matemáticos indios, incluido Brahmagupta, descubrieron una forma completamente hipotética de usar dígitos: números negativos. Era una perspectiva completamente nueva sobre las matemáticas, ya que los números podían usarse para representar valores potenciales. El primer uso de números negativos fue representar deudas en las hojas de contabilidad. Por ejemplo, si un cliente ordenó y pagó seis muestras de seda de un comerciante y luego se quedó con solo cuatro, el valor actual de los números de muestra se sitúa en -2 a favor del cliente. Si él o ella toma cuatro y paga 2, es -2 a favor del comerciante. Los números negativos y su uso más amplio en matemáticas no serían examinados completamente en Europa por otros 1,000 años, pero Brahmagupta trabajó ampliamente con ellos.

También trabajó con números positivos, específicamente, distancias y medidas físicas, para desarrollar aún más el lenguaje escrito de trigonometría de los griegos. Publicó varios trabajos en los que criticó a sus compañeros astrónomos por utilizar una metodología defectuosa y sentó las bases para varios tipos de matemáticas, incluyendo álgebra, geometría y trigonometría. Dentro del último campo, describió una fórmula para calcular el área de un cuadrilátero cíclico, que es una figura de cuatro lados con los cuatro vértices (esquinas) en la circunferencia del círculo. La fórmula de Brahmagupta se escribe de la siguiente manera, donde K es el área del cuadrilátero y a, b, cyd son longitudes de los lados de la figura.

$K = ¼ \sqrt{(-a+b+c+d)(a-b+c+d)(a+b-c+d)(a+b+c-d)}$

El trabajo de Brahmagupta y Aryabhata se basó en los cálculos matemáticos de los primeros griegos, pero lograron cálculos más precisos que los de sus predecesores. Gran parte de la misma metodología que inventaron no sería descubierta y utilizada en Europa hasta el siglo XVII.

Capítulo 10 – El Sultanato de Delhi

El siguiente período de la historia india se centró en las hazañas de los turcos, Qutb al-Dīn Aibak. En la vida de Aibak en el siglo XII EC, el islam se había convertido en una cultura distinta dentro de la India a través de la simple migración. Aunque algunas disputas por la tierra y enfrentamientos habían tenido lugar a pequeña escala, no fue hasta el siglo XI EC que los miembros del slam decidieron una táctica política de subyugación india completa bajo el gran y poderoso Imperio persa.

Nacido en Turkistán, Aibak fue vendido como esclavo a un persa que lo alejó de su tierra natal cuando era niño. En Persia, sirvió a una sucesión de maestros importantes que finalmente incluyeron al sultán del Imperio gúrida. Evidentemente un siervo confiable e inteligente, el sultán le otorgó el título de Maestro de esclavos a Aibak. Demostrándose más que capaz de tal administración, Aibak finalmente fue designado para el alto cargo de general militar para el ejército del sultán, que se había encargado de la conquista de la ciudad india de Delhi. Así, Qutb al-Dīn Aibak se encontró en la India alrededor del año 1193.

De hecho, Delhi cayó ante el ejército gúrida, después de lo cual el sultán regresó a su hogar y dejó la administración de la ciudad y otras tierras conquistadas del norte de la India a Aibak. Satisfecho con su cargo, Aibak continuó agregando más regiones de la India a los territorios gúridas hasta que su maestro fue asesinado en 1206. Al ver su oportunidad de convertirse en el gobernante incuestionable de las tierras que había sido integral en la obtención, Aibak se casó con la heredera de su único rival político en Persia y se declaró el sultán de Delhi.

Qutb al-Dīn Aibak murió solo cuatro años después de haber establecido su reino, pero las tierras que había anexado en India y regiones adyacentes permanecieron unidas bajo una sucesión de sultanes. El sultanato de Delhi, como se supo, solo había penetrado en la región más septentrional de la India moderna y también contenía tierras dentro de Bangladesh, Pakistán, Nepal y Bután. El primero en gobernar este reino después de Aibak, uno de sus propios hijos, y fue rápidamente asesinado por el yerno del sultán fallecido, Shams ud-Din Iltutmish, quien asumió el papel de liderazgo. Este fue el comienzo de la dinastía de esclavos (o mamelucos), la primera de las cinco dinastías con sede en Delhi gobernadas por una serie de sultanes de origen turco.

Todo el sultanato de Delhi, como se denomina esta colección de dinastías, abarcó más de 300 años entre 1206 y 1526. Por lo tanto, los turcos esencialmente mantuvieron el control de la mayoría del subcontinente durante la Edad Media de la India, con el persa funcionando como su idioma común.

Uno de los sultanes más notables de esta dinastía en particular fue Razia Sultana, la única mujer que tuvo ese título durante todo el período de tres siglos del sultanato de Delhi. Nieta de Qutb al-Dīn Aibak, Razia era la hija favorita de su padre, Iltutmish, y este último le otorgó su poder de sucesión cuando murió su hermano mayor. Ser un sultán no era un papel fácil para una mujer debido al odio que

Razia enfrentaba por parte de los hombres de su propio ejército y entre sus propios hermanos.

El sultanato era una sociedad puramente patriarcal, y el ascenso de Razia al trono no tenía precedentes. Para tratar de superar la negatividad, Razia se vistió con la ropa de un hombre mientras dirigía al ejército a confrontar a su hermano usurpador, Muiz ud-Din Bahram, en Delhi en 1240. Fue asesinada por sus propios generales militares que habían sido renuentes a seguir las instrucciones de una mujer.

En 1290, Jalal-ud-din Khalji estableció el sucesor de la dinastía Slave: la dinastía Khalji. En este momento, el reino se extendía hacia el oeste hasta el mar Arábigo y prácticamente hasta el extremo sur del subcontinente. Sin embargo, una mayor conquista no fue el problema más apremiante que enfrentaron los sultanes de la dinastía Khalji, ya que estaban ocupados manteniendo a los mongoles fuera de su territorio. Bajo el liderazgo de Genghis Khan, el temible ejército mongol comenzó a abrirse paso con fuerza a través de China, Afganistán y los países turcos de Oriente Medio. Repetidamente, los ejércitos de Khan y eventualmente de su sucesor trataron de vencer a India, pero las vastas tierras del sultanato no fueron tocadas por las hordas mongolas, excepto por una parte de Punjab. Los ataques comenzaron en 1222 y no cesaron hasta 1327.

La necesidad constante de poderío militar durante ese siglo prácticamente agotó los recursos del sultanato. El sultán Alauddin Khalji, por lo tanto, reorganizó por completo el sistema de impuestos del reino a principios del siglo XIV, elevando los impuestos agrícolas del 20% al 50% y reduciendo los salarios de los funcionarios administrativos. También se vio obligado a recortar los salarios de los poetas y académicos patrocinados por el gobierno. Además de estas medidas, Alauddin impuso una pesada carga financiera sobre los miembros de su reino que no se ajustaban a su religión, el islam.

Según las nuevas leyes, se esperaba que los no musulmanes pagaran un total de cuatro nuevos impuestos: tierra, casa, campo y votación. Esencialmente, esto significaba que cada adulto masculino no musulmán en el sultanato debía pagar una tarifa anual por residir dentro de las tierras del sultán: por poseer una casa, por poseer y cuidar campos, y por poseer cualquier tipo de tierras. Estas medidas no fueron solo por razones financieras, sino que sirvieron para reducir enormemente las deudas del sultanato; estaban destinados a desgastar efectivamente a los millones de hindúes en la tierra hasta que la gente simplemente estuviera demasiado empobrecida para organizar una rebelión.

El sultán Alauddin Khalji no se detuvo en la reforma tributaria. Posteriormente, reorganizó las leyes de mercado que debían entrar en vigencia en todo el sultanato, pero posiblemente solo se aplicaran en la capital. Estos cambios incluyeron la fijación de precios para productos básicos como granos, animales, esclavos y textiles. Además, el acaparamiento se hizo ilegal, y los culpables fueron castigados violentamente.

Su sucesor revocó las reformas más extremas de Alauddin, especialmente los cambios en el mercado, pero sus métodos de extracción de fondos a través de los impuestos de las clases bajas siguieron siendo una piedra angular en la futura administración de imperios. En 1320, muchos de estos impuestos todavía estaban vigentes cuando Ghiyath al-Din Tughluq tomó su lugar como el primer sultán de la dinastía Tughlaq. Bajo la instrucción de Tughlaq, el régimen militar del sultanato siguió adelante, anexando casi cada pieza del subcontinente, excepto la obstinada región alrededor de Kalinga.

Hambriento de territorio y poder cada vez mayor, Sultan Tughluq era reconocido como un líder despiadado y vicioso. También tenía la lujosa costumbre de esperar regalos de los visitantes, que devolvería en especie. De esta manera, un inteligente viajero marroquí llamado Ibn Battuta aseguró una casa amueblada, miles de monedas de plata y un trabajo para recaudar impuestos de las aldeas hindúes. En las memorias de Battuta, notó el extremismo al que se inclinaba su patrón.

> No pasó una semana sin derramar mucha sangre musulmana y las corrientes de sangre antes de la entrada de su palacio. Esto incluía cortar a la gente por la mitad, desollarlos vivos, cortarles la cabeza y exhibirlos en postes como una advertencia para los demás, o hacer que los elefantes arrojaran prisioneros con espadas atadas a sus colmillos.

La batalla no fue la única brutalidad que enfrentaron los miembros del sultanato; la esclavitud también fue desenfrenada durante la dinastía Tughlaq. Aunque se había practicado desde que el sultanato fue fundado, irónicamente por un exesclavo, surgió bajo el mandanto Tughlaq. Patrocinó un mercado de comercio de esclavos en el que traían esclavos indios y extranjeros para ser vendidos, e incluso hizo obsequios de esclavos a gobernantes extranjeros con fines diplomáticos. Debido a que su régimen era tan estricto, gran parte de la ganancia territorial realizada por el sultán Tughlaq se disolvió después de su muerte. La dinastía Sayyid reemplazó a la del Tughlaq en 1414, solo para durar aproximadamente breves 37 años. El último gobernante Sayyid, Alam Shah, entregó Delhi a Bahlul Lodi en 1451, comenzando la dinastía Lodi.

El último capítulo del sultanato de Delhi prevaleció 75 años, tiempo durante el cual se anexaron varios sultanatos competidores y se construyeron nuevas ciudades. El sultán Sikandar Lodi fundó la ciudad de Agra en 1504 y la convirtió en la nueva capital del reino. También eliminó los impuestos sobre el maíz, impuso auditorías fiscales a los miembros de la nobleza y encargó la traducción de textos médicos sánscritos al persa. Debido a su fervor religioso, diversas mezquitas musulmanas fueron construidas y conservadas dentro de las fronteras de su sultanato.

El hijo y heredero de Lodi fue el último de los sultanes de Delhi, y fue asesinado en la batalla de Panipat, tratando de salvar a su sultanato del intruso Imperio mogol. Era el año 1526.

Capítulo 11 – Babur y El Imperio Mogol

El enemigo final del sultán Lodi se llamaba Babur, y al igual que los gobernantes del sultanato en ruinas, la herencia de Babur era de Asia central, específicamente, el Imperio timúrida. Un descendiente del emperador Timur, y posiblemente incluso de Genghis Khan, Babur tenía un linaje real y un fuerte deseo de establecer su propio imperio. Cuando el sultán Lodi falleció, tuvo la oportunidad de gobernar la mayor parte de la India como gobernante del Imperio mogol.

Es algo irónico notar que por la mayor cantidad de dinero y fuerzas militares que Alauddin y su familia pasaron manteniendo a los mongoles fuera de la India, finalmente cayó bajo el mando de un descendiente mongol. De hecho, la palabra "Mughal" es muy probablemente una derivación de la palabra original "mongol". Para los hindúes, budistas y jainistas de la India, poco cambió, ya que Babur era un gobernante musulmán como lo habían sido los sultanatos.

La gente de Babur, descendiente de las hordas mongolas de Genghis Khan, era codiciosa de un vasto país que presumía de las únicas minas de diamantes conocidas del mundo, una atractiva variedad de alimentos y especias, y 120 millones de personas que sabían cómo cultivar, excavar, hilar y tejer textiles, construir, cuidar el ganado y crear joyas invaluables. También sabían cómo luchar por su líder, un rasgo que el mogol Babur quería explotar por sí mismo.

Les tomó veinte años y diversos intentos a los mogoles penetrar en la India musulmana, pero en 1525 decidió concentrar su energía, y la de su ejército relativamente escaso de 12,000, en la poderosa ciudad de Delhi. Cabalgó con sus tropas hacia el oeste, con la intención de lograr que esa campaña fuera exitosa. Su primer movimiento fue tender una trampa para el experto líder y protector de la ciudad, el sultán Ibrahim Lodi. La emboscada se estableció en Panipat, una comunidad a pocos kilómetros de la ciudad.

Babur se instaló fácilmente en Panipat con sus guerreros, sabiendo que una vez que el sultán se enterara de su presencia, este último saldría a su encuentro al frente de su ejército defensor. Esta era una táctica utilizada a menudo en India y en toda Europa por los gobernantes y emperadores tribales, con la intención de permitir a los jefes de las fuerzas opositoras discutir posibles términos diplomáticos. El conquistador mogol contaba con que su enemigo siguiera este código de conducta en particular, pero no planeaba reciprocar ese protocolo de guerra. En cambio, ordenó a sus soldados que cavaran una trinchera a un lado de Panipat que efectivamente obligó a los jinetes que se acercaban a un embudo de restricción, entregándolos en una formación apretada a los guerreros mogoles, esperando con arco y flechas compuestos listos. También trajeron un arma aterradora de alta tecnología para esta campaña en particular: el cañón.

El sultán Ibrahim Lodi se reunió con el ejército mogol el 21 de abril de 1526, totalmente preparado para la guerra. Trajo consigo 40,000 soldados y 1,000 elefantes, y se precipitó directamente al embudo preparado, sin darse cuenta hasta que fue demasiado tarde para retroceder y atacar desde otra dirección. Las fuerzas de Babur dispararon al ejército que se aproximaba con un disparo de cañón, aterrorizando a los elefantes y causando el caos para el lado de Lodi.

Asustados, los elefantes trataron de huir, aplastando y matando a muchos de sus compañeros humanos. Con el respaldo de los arqueros de largo alcance, Babur superó de manera sorprendente y bastante sencilla el ataque del sultán, matando a Lodi y a decenas de miles de sus soldados antes de que terminara la batalla.

Con los protectores de Delhi afrontados, Babur se mudó a la ciudad con sus tropas y lo encontró tal como lo había imaginado: lujoso y lleno de riqueza sin precedentes. Con los recursos de Delhi en la mano, no había nada que no pudiera lograr en la periferia de la India. Había dinero para pagar la lealtad, y se gastó generosamente. Aunque sus tropas querían tomar su botín de guerra y regresar a las llanuras más frías de su tierra natal, Babur tenía otras ideas. Quería hacer algo inusual para un hombre de su cultura: establecerse.

Para facilitar su propia permanencia en la India, Babur continuó con su ejército a lo largo del Himalaya hasta que había conquistado todas las ciudades desde Delhi hasta Patna. Cada reino o principado independiente se consolidó en el floreciente Imperio mogol cuando Babur y sus arquitectos dejaron huella en los paisajes urbanos. Para una civilización de conquistadores temibles, la gente de Babur era increíblemente experta en construcción y diseño arquitectónico. Les atraían las fuentes de agua, elaborando obras hidráulicas tan intrincadas que un cuerpo de agua aparentemente nivelado funcionaría prácticamente para alimentar una fuente a muchos metros de distancia. En los hermosos jardines acuáticos, hechos de piedra, Babur y sus asesores celebrarían reuniones políticas y recibirían a invitados importantes.

Los mogoles eran una civilización tecnológicamente avanzada, no solo en términos de arquitectura sino también en su trabajo en metal. Las espadas utilizadas por Babur y sus ejércitos para conquistar India fueron forjadas con acero de Damasco, un metal que podría mantenerse afilado y conservar un filo fuerte por más tiempo que cualquier otro metal en el mundo conocido. Los herreros especializados trabajaron durante horas en cada cuchilla, estratificando láminas de acero y formando un compuesto fuerte de chapas de alto y bajo contenido de carbono. A partir de este material, crearon espadas, cuchillos, escudos, lanzas, arcos, puntas de flecha, cañones y los primeros tipos de pistolas llamadas cerillos, trabucos y chispas. Incluso sus elefantes de guerra estaban equipados con cuchillas de acero, diseñadas para caber sobre el tocón recortado de sus colmillos. Sin duda, la suya era una sociedad construida sobre la conquista y defensa de la guerra.

El entrenamiento de elefantes era un asunto muy serio para Babur y sus compañeros militares. No solo se enseñó a los elefantes de 2,000 a 5,000 kilogramos (4,400- a 11,000 libras) a pisotear al enemigo debajo de sus inmensos pies, sino que los oficiales de Mughal entrenaron a los animales gigantes para usar sus colmillos en hoja junto con sus ágiles trompas, sosteniendo de manera efectiva y desgarrando al enemigo en pedazos. Los artistas contemporáneos representan a estos elefantes como máquinas asesinas, vestidas con cuchillas y protegidas por enormes mantas de cuero acolchado o acero que se colocan detrás de la cabeza para proteger al conductor.

Cuando el emperador Babur promovió su conquista de la India, trajo consigo cientos de elefantes que fueron entrenados en la guerra y tan seguros en la batalla como el soldado humano más experimentado. Se temía a los elefantes a lo largo y ancho, presentados en horripilantes obras de arte a todo color con armadura completa con colmillos y apéndices ensangrentados, cortando intencionalmente legiones de soldados enemigos. Una ilustración en acuarela atribuida a los artistas del siglo XVI Basawan y Chetar muestra a Akbar montando un elefante en busca de un enemigo, otro elefante a su lado. Eran una parte increíblemente importante de la guerra, la ceremonia y la cultura en general de Mughal, y lo seguirían siendo a lo largo de los siglos en la India.

Además de los artistas y el idioma persa, los mogoles aportaron un amor por la belleza que cambiaría físicamente los paisajes urbanos y se convertiría en parte de la identidad eterna de la India.

Capítulo 12 – El Taj Mahal y Una Historia de Amor

El reino de Babur pasó a su nieto Humayun, quien a su muerte se lo otorgó a su propio hijo Jahangir. Cuando Jahangir respiró por última vez, sus cuatro hijos pelearon por la sucesión hasta que Shah Jahan, nacido en enero de 1592, asesinó a su hermano, primos y todos los rivales masculinos por el trono de su padre. Se convirtió en el emperador en 1628, a la edad de 36 años. Fue un comienzo incongruente para el gobierno del emperador mogol que en realidad sería recordado por su tierna historia de amor. Hoy, el monumento de amor de Shah Jahan, el Taj Mahal, es visitado por 60,000 personas todos los días.

La historia de amor de Shah Jahan comenzó mucho antes de que ganara poder; sucedió a los 15 años en el mercado de Agra. Allí, vio a una hermosa joven cuya presencia lo llenó de deseo y adoración. Los dos se enamoraron al instante, y se planeó un matrimonio. Aunque se vieron obligados a esperar cinco años para que se celebrara la boda, sus sentimientos no flaquearon ni cuestionaron las poderosas emociones que los habían invadido al encontrarse.

Al verdadero estilo mogol, Shah Jahan tenía sed de sangre en la batalla y era muy intelectual en la política. Adoró la arquitectura y se dedicó a construir hermosos palacios en todo su reino que estaban hechos de mármol blanco brillante. Llegarían a definir aún más el paisaje urbano de India, Pakistán, Afganistán y muchos países del sur de Asia y Medio Oriente, así como la propia fe musulmana. Jahan sabía que era tanto su derecho como la tradición de su fe el casarse con más de una mujer. Mientras esperaba la fecha lejana que sus astrólogos propusieron para la boda con Mumtaz Mahal, Jahan eligió a otra novia para casarse de inmediato. A la edad de 20 años, Shah Jahan se casó con su primera opción y finalmente se convirtió en esposo de tres mujeres. Tras la unión matrimonial final en 1612, los recién casados se embarcaron en su vida juntos con entusiasmo.

Mumtaz Mahal no era solo una baratija encantadora para que su esposo admirara. Aunque Shah Jahan la colmó de regalos, también atesoraba su amistad y su sabiduría. La pareja buscó consejo el uno del otro, así como ternura. El 23 de marzo de 1614, la emperatriz dio a luz a su primer hijo, una hija llamada Jahanara Begum. Al año siguiente, dieron la bienvenida a un príncipe a la familia y lo llamaron Dara Shikoh. Estos fueron solo los primeros de 14 hijos que la pareja real tendría juntos, sin embargo, como era normal para esta época de la historia, solo siete de los bebés sobrevivirían para convertirse en adultos. Aun así, la familia era numerosa y prometedora.

Aunque Shah Jahan era el sucesor preferido de su padre, de hecho, su nombre significaba "Rey del Mundo", el príncipe todavía encontraba necesario arrebatar el control del imperio a los miembros masculinos de su familia después de la muerte de su padre real. Una vez que se hizo el acto, Jahan y Mahal tomaron con seriedad la administración del reino. Al igual que sus predecesores, Shah Jahan era un musulmán devoto que creía en la existencia de un Dios, Alá. Sin embargo, a pesar de sus lazos personales con el islam, Shah Jahan quería gobernar un reino en el que no solo era respetado sino amado por su pueblo. Con ese fin, declaró que los hindúes y los musulmanes eran iguales en el Imperio mogol, e incluso introdujo un idioma completamente nuevo, el hinddavi, también conocido como hindustani, en sus tribunales y oficinas oficiales. Una mezcla de sánscrito y persa, Hindavi permitió a los miembros de ambas religiones conversar más fácilmente. Esto eventualmente se convertiría en los modernos idiomas hindi y urdu.

La felicidad de Shah no duró para siempre, ya que su emperatriz favorita no viviría mucho tiempo después del parto de su decimocuarto hijo. Mientras sucumbía a las complicaciones del nacimiento, Shah Jahan prometió construirle el mausoleo más hermoso de toda la creación. Ella murió en 1631, a la edad de 38 años, y dejó a su esposo devastadoramente afligido.

Según la famosa historia, "El rey gritó de pena como un océano que se desata con la tormenta. Dejó a un lado sus túnicas reales y durante toda la semana posterior, su majestad no apareció en público, ni tramitó ningún asunto de estado. Por el llanto constante, se vio obligado a usar gafas y su cabello se volvió gris".

Seis meses después del fallecimiento de su esposa más querida, Shah Jahan ordenó que se construyera un impresionante nuevo edificio para Mumtaz Mahal. Al igual que las hermosas obras hidráulicas y los templos encargados por su bisabuelo y abuelo, Akbar el Grande, el mausoleo debía ser inmaculado y grandioso. Sin embargo, para satisfacer su exigente gusto, él y todos los demás palacios bajo su construcción debían ser ensamblados solo con el mejor mármol blanco. Los cimientos de esta gran obra fueron puestos a la vista de su palacio en Agra.

Durante 11 años, se extrajo mármol blanco en Rajasthan, mientras que se envió piedra arenisca roja desde Delhi para satisfacer las demandas de la tumba gigante. Los suministros fueron llevados a Agra en una rampa de 16 kilómetros (10 millas) de propósito único, mientras que alrededor de la tumba en ciernes, una ciudad entera brotó para albergar a los 20,000 trabajadores y artesanos que trabajan en el proyecto. En 1643, el mausoleo principal estaba completo, pero el trabajo en los terrenos exteriores continuó durante otra década. Terminado por completo en 1653, la estructura estaba orgullosamente enmarcada por cuatro delgadas torres de piedra blanca. Al acercarse, había una gran piscina poco profunda. El edificio principal estaba cubierto por una serie de cúpulas persas e incrustaciones de arcos. Todo parecía sereno, pacífico, magnífico y deslumbrantemente blanco. Shah Jahan había cumplido su promesa de albergar a la emperatriz en el monumento más majestuoso que el mundo había visto.

Además del mausoleo en sí, el emperador hizo construir dos edificios más, ambos en línea con la estructura central y cada uno frente a él desde el oeste y el este. Desde el oeste yacía una mezquita; del este, una casa de descanso. Estos son de gran importancia tanto para la emperatriz fallecida como para su esposo, ya que la tradición islámica afirma que las mujeres que mueren durante el parto son mártires. Por lo tanto, sus lugares de descanso se convierten en lugares de peregrinación para los devotos cercanos y lejanos. En anticipación de estos visitantes, Shah Jahan preparó una iglesia en la que podían rezar y un espacio en el que podían descansar de sus largos y tediosos viajes. La casa de huéspedes, llamada mehmaan khana, fue un gesto formal a la tradición india de recibir a viajeros e invitados en alojamientos cómodos y cordiales.

Shah Jahan murió a la edad de 74 años en 1666, después de haber perdido su deseo de liderazgo y sufrió la usurpación del trono por su hijo, Aurangzeb. Su cuerpo fue enterrado junto al de su primer amor, la emperatriz Mumtaz Mahal, en el espléndido mausoleo que había construido para ella.

Capítulo 13 – India es "Redescubierta" por Portugal

Aunque la India y el Imperio romano habían estado en contacto desde el año 30 a. C., la caída de la última civilización significó que el mundo europeo se redujera significativamente en términos de visión del mundo. Las Edades Oscuras se pusieron en marcha, y hasta el Renacimiento de los siglos XIV a XVII, el contacto entre Europa y la India prácticamente se perdió. Para Portugal, recuperar su fuerza y riqueza fue una hazaña dedicada a la construcción y exploración naval. En 1498, Vasco da Gama y su tripulación llegaron cerca de la moderna Calicut y una vez más conectaron el mundo occidental con el de la India. Fueron la primera nación europea post-grecorromana en establecer un vínculo con la India a través de la costa de Malabar y el rey Zamorin de Calicut.

Aunque Portugal venció al resto de Europa a la India, era solo una potencia extranjera más entre muchas naciones de Asia y Medio Oriente que ya comerciaban con los diversos imperios y reinos de la India premoderna. El rey Zamorin era cordial con las naciones exóticas y permitió que Da Gama llenara su barco con las mismas especias aromáticas que siempre demandaban su pueblo. Al regresar a Portugal, el explorador descubrió que estos bienes se valoraban en más de sesenta veces el costo de toda la expedición a la India. Una vez que se descubrieron dichos bienes, no hubo dudas sobre si se enviarían más barcos. Durante los años siguientes, los comerciantes portugueses llegaron en masa a Calicut. Sus motivos eran generalmente egoístas, lo que los llevó a múltiples escaramuzas con la cultura local y otros comerciantes expatriados.

La principal fuente de conflicto entre los ciudadanos indios y los colonos portugueses fue la religión. Portugal era un país estrictamente católico, e India era una tierra de muchos dioses. Los 100 millones de personas que llamaron al hogar del subcontinente eran principalmente musulmanes e hindúes, con importantes poblaciones de jainistas y budistas. Aunque la Iglesia Católica no estaba impresionada por ninguno de estos sistemas de creencias, fue la que más ofendió al islam, que compartía una creencia antigua en las profecías del ángel Gabriel. Como los mogoles eran fieles a la Iglesia islámica, Portugal estaba constantemente en desacuerdo con los gobernantes y administradores mogoles del reino; incluso después de varios tratados de paz y alianzas con líderes indios, Vasco da Gama y sus compatriotas esencialmente lucharon por llegar a la costa, en un momento haciendo alianzas y al siguiente atacándolos. Fue un momento peligroso y caótico para la India, con muy poca simulación de que los portugueses tenían la intención de actuar en el mejor interés de sus anfitriones.

Apenas dos años después del viaje de Vasco da Gama, una flota portuguesa dirigida por Pedro Álvarez Cabral llegó a la costa de Malabar. Cabral entregó una carta del rey de Portugal al Samudri (Samudra-raja o Sea-king), el gobernante hindú de la ciudad-estado de Calicut, exigiéndole que expulsara a todos los musulmanes de su reino ya que eran enemigos de la 'Santa Fe'. Se encontró con una negativa en blanco; luego, el Samudra mantuvo firmemente que Calicut siempre había estado abierto a todos los que deseaban comerciar allí...

(Amitav Ghosh, *En Una Tierra Antigua.*)

En 1501, Portugal había obtenido el derecho de mantener un depósito comercial en Calicut, después de haber firmado un acuerdo de alianza con Zamorin. A pesar de las promesas de permanecer pacíficos, los comerciantes portugueses estaban constantemente en desacuerdo con los mercaderes musulmanes, a menudo entablando una batalla completa en el mar. Justo un año después de la construcción del depósito comercial, el propio Da Gama regresó a Calicut, con la intención de tomar toda la ciudad portuaria para Portugal. Él y sus tropas causaron un daño inmenso a la ciudad en el intento, después de lo cual Da Gama huyó por la costa para encontrar aliados entre otros líderes indios. En el camino, estableció la primera estación comercial de Portugal en el subcontinente en Kochi.

Rápidamente, los portugueses se abrieron paso en la parte suroeste de la India, construyendo fábricas, depósitos comerciales y pequeñas colonias. Varios años después del primer viaje de Da Gama a Calicut, establecieron la India portuguesa, un estado en el Imperio portugués de ultramar. La capital de ese estado colonial finalmente se convirtió en Goa, una pequeña región en el suroeste. Los goanos nativos, así como la creciente comunidad de portugueses, cayeron bajo la subyugación política y religiosa de la corona portuguesa, a unos 8,000 kilómetros (5,000 millas) de distancia.

Esta conexión significaba que Goa no era inmune a la estricta Inquisición portuguesa, durante la cual cualquier comportamiento visto como herético contra la Iglesia católica fue castigado severamente. La Inquisición fue una característica formativa de la Europa católica durante el período medieval, y en Portugal, fue formalmente promulgada en 1536 a pedido del rey Juan III. En Goa, la Inquisición comenzó en 1560 y atacó a judíos, budistas, musulmanes, hindúes e incluso subsectas del cristianismo que se consideraron inapropiadas. Incluso los católicos recién bautizados fueron castigados bajo el régimen, acusados de haber cambiado de religión solo por seguridad política mientras continuaban practicando su verdadera religión en secreto. Esto generalmente se conoce como "cripto-hinduismo".

Al insistir en que el catolicismo era la única fe verdadera, los misioneros católicos se aseguraron de quemar todos los libros que encontraron escritos en idiomas indígenas, incluidos el sánscrito, el árabe, el konkani y el marathi. Además, los libros importados sobre el cristianismo protestante, un movimiento que estaba ganando popularidad en Europa, fueron estrictamente prohibidos. Toda la legislación más atroz que se empleó en Europa fue imitada en la India. Las personas declaradas culpables de herejía fueron multadas, azotadas públicamente, deportadas a Mozambique, encarceladas, quemadas en efigie o quemadas en la hoguera. Aunque cualquiera que se presentara como testigo en los juicios por herejía recibió el anonimato, era muy poco lo que una persona acusada podía hacer para demostrar su inocencia. Sus confesiones fueron extraídas bajo tortura, y si se retractaban, solo servía para incriminarlos aún más como evidencia de mal carácter.

Cuando una persona fue condenada por herejía por la Inquisición de Goa, sus posesiones fueron apropiadas por el Estado y se destruyó cualquier parafernalia religiosa. Además de las posesiones personales, Portugal robó tierras públicas en las que se erigieron templos y estructuras religiosas, y posteriormente las derribó a ruinas. En total, al menos 760 templos hindúes fueron destruidos durante el curso de la Inquisición, y los hindúes se vieron obligados a asistir a los servicios de la Iglesia católica regularmente para escuchar sus propios ridiculizados sistemas de creencias. En 1620, se hizo ilegal que los hindúes realizaran sus propias ceremonias de matrimonio.

Mientras continuaban las acusaciones, los castigos y la quema de libros públicos, los hindúes reunieron lo que quedaba de sus objetos sagrados y huyeron del estado. Goa permanecería bajo el dominio portugués durante más de cuatro siglos después del establecimiento de la Inquisición de Goa.

Capítulo 14 – El Imperio de Maratha

Desde la conquista de árabes y persas en secciones del país desde aproximadamente el siglo XI, el islam había sido una parte cada vez más importante del panorama cultural, pero ese no fue el primer roce de la India con los musulmanes. Ya en el siglo VII, los comerciantes e inmigrantes musulmanes habían sido parte de la tierra. Cheraman Juma, que se cree fue la primera mezquita islámica en India, fue construida en 629 EC.

Creyentes del profeta Mahoma, los musulmanes trajeron su propio libro sagrado, el Corán, con ellos a la India. El texto sagrado hablaba de los Cinco Pilares del islam: el único Dios es Alá, y su último mensajero en la Tierra fue Muhammad; rezar cinco veces al día frente a la ciudad sagrada de La Meca; aquellos con medios adecuados deben ayudar a los pobres; los musulmanes deben ayunar durante el noveno mes del año, Ramadán; y aquellos que pueden visitar La Meca deben hacerlo en el duodécimo mes del año.

India era una tierra de diversas creencias religiosas, incluidas varias sectas hindúes, budismo, jainismo y sijismo, y, por lo tanto, los comerciantes musulmanes pacíficos eran perfectamente bienvenidos entre ellos. En un país de muchos dioses, uno más no representaba un gran desafío. El sultanato de Delhi y posteriormente los mogoles trajeron a cientos de miles de musulmanes más a la India y construyeron imperios cuya jerarquía fue coronada por miembros de la Iglesia islámica.

A partir del siglo XVII, el subcontinente indio volvió a caer en manos de los hindúes, que se consideraban los verdaderos y naturales habitantes de la India. Estos fueron los Maratha. La caída de los mogoles y el ascenso de sus subordinados políticos fue accidental ya que los maratha eran una clase de guerreros hindúes que fueron entrenados por sus maestros mogoles para campañas militares. Fue gracias a la persistencia de Chhatrapati Shivaji que los hindúes masivamente oprimidos del subcontinente indio pudieron unirse y ganarse una porción de la India.

Shivaji era miembro del clan de élite maratha y, como tal, disfrutaba de una vida relativamente privilegiada a pesar de su herencia hindú. Debido a su aristocracia, Shivaji logró reunir un ejército y dar a los hindúes la esperanza de la restitución de una tierra en la que los hindúes se gobernaban a sí mismos. Shivaji tenía la intención de liberar a los esclavizados y oprimidos por igual y convertirlos en su propia causa. 1645/1646 son años significativos porque fue cuando Shivaji tomó el Fuerte Torna, el primer fuerte que capturó y que se convirtió en la base del Imperio maratha. En 1674, Shivaji tuvo éxito en su revuelta contra el sultán de Bijapur. Forjó un reino con Raigad como su capital y fue coronado rey de Satara. El sultanato de Bijapur fue finalmente derrotado y anexado por el Imperio mogol en 1686. Para cuando Shivaji murió en 1680, tenía 100.000 soldados y casi 300 fuertes en la cima de la colina que protegían a la nación que había fundado.

Los combates entre los marathas y los mogoles durante el próximo cuarto de siglo resultaron en un estimado de 3 a 4 millones de muertes, principalmente relacionadas con el hambre de las carreteras en ruinas y las rutas comerciales interrumpidas por la guerra. Habiendo perdido tanto en términos de recursos básicos, vidas humanas e infraestructura desperdiciada, el Imperio mogol comenzó a fracturarse en los bordes. En el norte, surgieron los cimientos del Imperio sikh, y en el oeste, el Imperio maratha creció bajo el gobierno de una sucesión de reyes y, finalmente, una línea designada de primeros ministros, conocidos como los peshwas.

Peshwa Baji Rao I sirvió de 1720 a 1740, y durante ese tiempo, su administración ayudó a saquear la ciudad mogol de Delhi. Con su capital saqueada y gran parte de su imperio ocupado por tropas enemigas, los mogoles finalmente cedieron a sus atacantes y optaron por hacer un tratado de paz. El resultado fue una incapacidad casi total de los mogoles, mientras que las nuevas fronteras del Imperio maratha se extendían completamente de oeste a este a través de la India.

A medida que el emergente imperio creció en tamaño, los peshwas tuvieron cada vez más dificultades para administrar la creciente población. Los primeros ministros renunciaron a gran parte de su verdadero poder a favor de dejar a los gobernadores locales a cargo. Debido a esta gobernanza compartida, muchos historiadores se refieren al Imperio maratha como la Confederación maratha después de mediados del siglo XVIII. También es un término utilizado a menudo por los británicos, que acababan de establecer su propio reclamo colonial sobre la India a través de la Compañía británica de las Indias Orientales.

Capítulo 15 – La Compañía Británica de las Indias Orientales

Los siglos XV y XVI fueron conocidos en Europa como la Era del Descubrimiento. Los exploradores viajaron en barco, a caballo y a pie para encontrar tierras nuevas y distantes y explorar lo que tenían para ofrecer. Para naciones ricas como Inglaterra, el mundo se estaba expandiendo, y uno de los descubrimientos más emocionantes fue el de la exótica y lejana India. Decorada con joyas brillantes y repleta de especias aromáticas y exóticas que los cautivaron y deleitaron las papilas gustativas, India estaba justo donde los comerciantes comerciales de Occidente querían estar. Fue tan popular, de hecho, que Cristóbal Colón descubrió accidentalmente el Nuevo Mundo en su apuro por encontrar un atajo. Para los ingleses, una nación cuya clase media estaba creciendo y era capaz de disfrutar un poco más de lo que había sido en siglos anteriores, cultivar una relación duradera con la India parecía lo más lógico.

India y Gran Bretaña estaban conectadas por el comercio ya en el siglo XVI, durante el gobierno de la reina Isabel I de Inglaterra. Los mercaderes británicos navegaron hacia el este en busca de puertos indios y chinos después de que los asentamientos portugueses hubieran estado en su lugar durante años, pero sus viajes no fueron en vano. Así como Portugal, China, Afganistán y muchos otros habían encontrado verdaderas fortunas en forma de acuerdos comerciales y fabriles con la India, Inglaterra también planteó un reclamo que cambiaría el futuro de ambos países.

Fue especialmente pertinente para Inglaterra durante ese tiempo expandir su imperio, ya que España y Portugal estaban ocupados dividiendo el Nuevo Mundo por sí mismos. En Europa, Inglaterra era un reino pequeño, pero respetable; sin embargo, a medida que las naciones europeas vecinas crearon imperios mundiales, Inglaterra podría haber sido fácilmente atrapada por esas mismas fuerzas coloniales. Para establecerse entre las más importantes y ricas de sus pares, la reina Isabel I no miró principalmente hacia el oeste sino hacia el este. Mientras que las Américas claramente tenían una inmensa reserva de oro que ahora fluía a España, India tenía una variedad de recursos funcionales que incluían seda, algodón, colorantes de tela, sal, té, pólvora y opio.

El 31 de diciembre de 1600, la reina otorgó una carta real a la recién fundada East India Company (EIC), otorgándole los fondos y la estructura interna que ella personalmente creía que beneficiaría más a su reino. Para facilitar los negocios entre los dos países y detener las escaramuzas entre el EIC y otras compañías comerciales, el rey James I (sucesor de Elizabeth en 1603) llegó a un acuerdo con el emperador mogol Jahangir para obtener algunas de sus tierras a cambio del acceso a valiosos artículos comerciales de Europa.

Inglaterra y Portugal no fueron las únicas naciones europeas desde las cuales los viajeros y comerciantes acudieron a la India. A principios del siglo XVII, los comerciantes holandeses, franceses y daneses establecieron sus propias rutas comerciales entre su hogar y la India y establecieron sus propios depósitos y fábricas. Con tantos europeos con mentalidad comercial entrando en escena, los productores indios se percataron rápidamente de que podían comenzar a cobrar más por suministros en demanda como seda, algodón, canela y cardamomo. Cuando los precios subieron, los británicos sabían que la única forma de reducir los costos era deshacerse de la competencia.

Aunque la ocupación británica en India al principio estaba destinada únicamente a fines comerciales, la compañía fue militarizada casi de inmediato contra las otras comunidades comerciales extranjeras en el área. Los soldados lucharon regularmente contra las fuerzas invasoras de sus rivales holandeses y portugueses mientras también usaban la espada para obtener el control de más tierras. Al verdadero estilo europeo, las entidades separadas comenzaron a fortalecer sus puestos comerciales con muros de piedra. Las luchas internas llegaron a un punto de ruptura solo unas décadas después, cuando los administradores y gobernantes locales también se involucraron en las escaramuzas. Tal comportamiento caracterizó la mayor parte del siglo XVII.

Un siglo después, estas naciones se habían incorporado inextricablemente en el paisaje indio, aprovechando la lenta caída del Imperio mogol. Con los regímenes locales derrumbándose, los soldados británicos fueron enviados a la India para defender sus tierras comerciales contra varios ejércitos que competían por el control del subcontinente. Con éxito en su intento de mantener el territorio indio, la propia compañía tomó la decisión sin precedentes de luchar por aún más tierras. También aprovechando la oportunidad de los disturbios políticos para su beneficio, los Países Bajos, Portugal, Francia y Dinamarca lucharon por su propio territorio.

En un intento de arreglar las cosas de manera cordial con los poderes fácticos, en 1698, el EIC sobornó a los funcionarios mogoles por los derechos zamindari sobre tres aldeas en Bengala, es decir, el mismo tipo de derechos de los aristócratas y señores sobre sus extensiones de tierra designadas. Practicando una diplomacia cuidadosa, incluso se les concedió un farman (similar a una carta real) del emperador Aurangzeb. Esos pueblos se denominaban Sutanuti,

Gobindapur y Kalikata; eventualmente se convirtieron en la ciudad moderna de Kolkata, antes conocida como Calcuta.

El farman otorgado por el emperador era económicamente desventajoso para los indios, ya que no requería impuestos sobre ningún artículo comprado localmente para venderlo en los mercados europeos. Bengala podría perder millones de libras de ingresos, mientras que la compañía británica reunió una inmensa riqueza. Además de los negocios formales que se llevaban a cabo en las numerosas fábricas y puestos comerciales en Gran Bretaña, muchos miembros de la East India Company estaban haciendo transacciones ilegales fuera de la jurisdicción de la compañía. A principios del siglo XVIII, los representantes de Bengal ya habían tenido suficiente.

Cuando el emperador Aurangzeb murió en 1707, el Imperio mogol perdió gran parte de su influencia y poder sobre la nación. Los gobernantes regionales conocidos como nawabs preferían viajar a casa y administrar localmente. Lo mismo era cierto para el nawab de Bengala, Murshid Quli Khan. Regresó a Bengala con una gran hazaña por delante: controlar las operaciones difíciles de manejar de la East India Company. Khan intentó frenéticamente llevar a los comerciantes británicos al límite, pero fueron implantados firmemente en el paisaje y equipados con masas de sus propios soldados. Khan fue relegado a la unión entre su gente nativa y la compañía, al igual que sus sucesores.

Para 1857, el Imperio mogol había llegado a su fin con la muerte del último emperador, Bahadur Shah II, y el país se vio sumido en el caos y la incertidumbre. El imperio se derrumbó, la aristocracia británica tenía control sobre la mayor parte del país y los líderes regionales no podían hacer mucho para luchar contra el poderoso Imperio británico. En Calcuta, el Nawab de Bengala, Siraj ud-Daulah, ordenó al EIC que detuviera los esfuerzos de fortificación alrededor de su ciudad, y sus instrucciones fueron ignoradas. La compañía concluyó con diplomacia.

Capítulo 16 – El Gobierno de la Compañía Británica de las Indias Orientales

Enfrentados a la presión constante de otras compañías mercantiles europeas en India, los británicos centraron su energía en fortalecer el principal puesto militar de la ciudad, Fort William. Indignado porque su orden de detener tales fortificaciones no había sido escuchada, Siraj ud-Daulah marchó a Calcuta con 50,000 soldados, 500 elefantes y 50 cañones en junio de 1756. Sin preparación para tal ataque, las tropas británicas huyeron de Fort William por la relativa seguridad de sus barcos en el puerto cercano. Las fuerzas de Ud-Daulah entraron fácilmente en la ciudad y tomaron a todos prisioneros.

Había una sala de prisión dentro de los muros de la ciudad, y medía aproximadamente 20 metros cuadrados (215 pies cuadrados). Aunque había mucho espacio para unos pocos delincuentes mezquinos, no estaba en absoluto equipado para retener a los 164 prisioneros de guerra que los Nawab encarcelaron allí. La mayoría dentro de la celda, conocida en adelante como el Agujero Negro de Calcuta, se asfixió o fue pisoteado hasta la muerte. Cuando el Nawab ordenó que se abriera la puerta a la mañana siguiente a las 6 a. m., solo unas 21 personas sobrevivieron.

Las noticias se extendieron rápidamente al teniente coronel Robert Clive, establecido con las tropas británicas en Fort Saint George en Madras. Cuando los repetidos intentos de diplomacia no tuvieron respuesta, Clive se apresuró hacia Fort William con el almirante Charles Watson, un grupo de soldados, y sus aliados indios. Las fuerzas de Clive liberaron a los prisioneros británicos e indios de Nawab el 2 de enero de 1757 y se llevaron a sus propios prisioneros. Con Fort William seguro, Clive avanzó en busca del nawab mismo, que se había mudado de Calcuta antes de que llegara el refuerzo británico.

Los continuos ataques de Clive contra el ejército de ud-Daulah convencieron a este último de intentar la diplomacia con la que no se había mostrado después del asedio de Fort William, pero era demasiado tarde para hablar. Acosado por los británicos donde quiera que fuera, Nawab Siraj ud-Daulah organizó una última oposición violenta contra los colonialistas comerciales. Los miembros de la Compañía Francesa de las Indias Orientales estaban más que dispuestos a ayudar, especialmente desde que Francia estaba actualmente en guerra con Gran Bretaña. Fue una pelea a la que Monsieur Sinfray, un oficial de artillería francés, estaba dispuesto a unirse.

Siraj ud-Daulah reunió un enorme ejército de más de 60,000 soldados con la ayuda de otros líderes mogoles y Sinfray. En el lado opuesto había solo 3.000, reunidos por soldados británicos y aliados europeos o indios, todos bajo el liderazgo de Robert Clive. Cada lado estaba armado con pistolas, espadas y cañones, y a pesar de ser extremadamente superados en número, Clive se sentía reforzado por su reciente toma de la ciudad de Calcuta. El 23 de junio de 1757, estas fuerzas se encontraron en Palashi, Bengala Occidental, a unos 150 kilómetros (93 millas) de la base del EIC.

En apariencia, parecía una locura entrar en batalla en tales condiciones, pero Robert Clive tenía un secreto: había sobornado a un miembro del partido de Siraj ud-Daulah, Mir Jafar, para desertar a cambio de poder político bajo el dominio británico en el área. Clive confiaba en sus planes, pero cuando comenzó la batalla esa mañana en Palashi, no había señales de que Jafar le enviara ayuda. En cambio, el regimiento de Jafar apareció en el campo de batalla con órdenes de contener hasta que se les diera una señal, ya sea para respaldar a los británicos o los indios.

Sin embargo, Clive y sus 3.000 hombres lucharon contra sus atacantes durante varias horas, evitando hábilmente el avance sin perder una gran cantidad de soldados. Alrededor del mediodía, cayeron fuertes lluvias que empaparon las tiendas de pólvora en el lado mogol y francés. Las tropas de Clive lucharon con mantas para proteger sus propias tiendas y posteriormente ganaron sustancialmente a sus enemigos en el siguiente tiroteo. Uno de los hombres más importantes de Siraj, Mir Madan Khan, fue asesinado por fuego de cañón, dejando al líder mogol extremadamente angustiado.

Al ver a Siraj tan cerca de retirarse, Mir Jafar le envió un mensaje a Clive para que siguiera adelante. Poco después, ud-Daulah dejó el campo de batalla por completo, sin haber pisado la contienda. Se llevó 2.000 tropas con él, pero no llamó a sus soldados restantes para que no se involucraran. El propio regimiento de Jafar de varios miles de soldados permaneció, y finalmente, no quedaron más que los soldados de él y Clive. Clive ocupó el campo militar vacío de los nawab a las cinco de la tarde y la batalla terminó.

Robert Clive y sus aliados no solo habían desterrado a Siraj ud-Daulah de sus ciudades; efectivamente habían cambiado la estructura política de la provincia. Según lo prometido, Mir Jafar fue nombrado nuevo nawab de Bengala, responsable ante la administración de la East India Company. A partir del año 1758, el Gobierno de la Compañía se estableció en una gran parte del este de la India.

También se le denominó Compañía Raj, "raj" es la palabra hindú para gobernar. El Gobierno de la Compañía persistiría durante cien años.

Capítulo 17 – El Raj Británico

"¡Alabado sea nuestros hermanos indios, y la cara oscura se lo deben!

Gracias a los rostros amablemente oscuros que lucharon con nosotros, fieles y pocos,

Luchamos con los más valientes entre nosotros, y los condujimos, los golpeamos y matamos.

Que alguna vez en el cual sobre nuestra pancarta en la India explotó".

(Alfred Tennyson)

Fort St. George se convirtió en Madras, y más tarde en Chennai, y fue aquí donde los británicos centraron su dominio colonial sobre la India. Los soldados británicos ya habían sido importados para ayudar a la compañía comercial a lidiar con la competencia de otros comerciantes europeos, por lo que todo lo que quedaba era seguir expandiéndose hacia el oeste hasta que la East India Company tuviera autoridad sobre una amplia franja de tierra que se extendía desde el punto más meridional de la India hasta el punto más oriental en Plassey, luego de regreso al oeste a lo largo de la frontera norte. A mediados del siglo XIX, Gran Bretaña tenía el control efectivo de la mayoría del subcontinente. Sin embargo, el estatuto real original que financiaba la continuación del gobierno de la compañía sobre las tierras indias había expirado y solo se le garantizaba una extensión de 20 años por vez.

La Corona británica y su gobierno habían estado imponiendo cada vez más sobre la soberanía de la Compañía de las Indias Orientales con cada contrato renovado, y cuando los lugareños se rebelaron en 1857, la reina Victoria canceló por completo el contrato. En el Parlamento, se aprobó la Ley del Gobierno de la India de 1858, que estipulaba que el EIC se liquidara y todos sus activos y tierras se entregaran a la Corona británica.

La rebelión había comenzado en mayo de 1857 cuando miembros indios del Ejército de la Compañía se amotinaron en varias ciudades. En desacuerdo con sus superiores coloniales sobre los impuestos sobre la tierra, las reformas sociales y la discriminación racial, los cipayos, como se llamaba a estos soldados, incitaron una rebelión violenta en la que se separaron del EIC e intentaron declararse una nación soberana dentro de las tierras de la compañía. Con este fin, los rebeldes se reunieron con el último gobernante de los mogoles, Bahadur Shah Zafar, y lo nombraron como su emperador. Capturaron grandes secciones en el noroeste y conservaron muchas de las ciudades allí durante casi dos años antes de que el EIC recuperara el control mediante una guerra violenta, en ocasiones cruel.

Era el primer día de noviembre de 1858 cuando la reina Victoria emitió una proclamación directa a los indios explicando que el gobierno de la compañía había terminado. Prometió proporcionar a sus súbditos indios derechos similares a los súbditos británicos. Para los muchos indios y cipayos que habían luchado del lado de la Compañía y sus colegas británicos durante la rebelión, las palabras y las promesas de la reina británica fueron un gran consuelo. El Raj británico comenzó a partir de entonces, con fe y confianza en ambos lados. El emperador Bahadur Shah Zafar, de 82 años, fue declarado culpable de conspiración y deportado a Rangún, en Birmania, controlada por los británicos.

Cuando el gobierno británico tomó el control, Victoria dio a los reinos y principados existentes de la India la opción de unirse a su sindicato. Los reinos que lo hicieron se denominaron Estados principescos, y mantuvieron a su propio rey o gobernante como figura decorativa y enlace entre el estado y el gobierno británico. Los reinos que no deseaban unirse finalmente lo hicieron por la fuerza, perdiendo su independencia por completo. Estos fueron llamados las Provincias.

Las provincias fueron gobernadas directamente por los administradores británicos. En efecto, Gran Bretaña terminó con toda la India bajo su autoridad, aunque alrededor del 40 por ciento de ese territorio estaba compuesto por Estados principescos. Estos incluyen Rajasthan, Hyderabad, Jammu y Cachemira, Mysore y los estados de Baluchistán.

Dentro de los primeros cuatro años de dominio oficial británico sobre la gran mayoría del subcontinente, la administración extranjera no solo promulgó la Ley de Consejos Indios sino que también se ocupó de una hambruna en la región de Doab. El primero estableció una administración de trabajo en la que había varios departamentos principales: ingresos, militares, derecho y finanzas. El segundo evento no fue tan simple, y entre 1860 y 1861, se estima que dos millones de personas murieron de hambre. Las noticias de las horribles condiciones y las muertes sin precedentes se extendieron internacionalmente. El siguiente extracto vino de *The New York Times* el 30 de marzo de 1861:

> De 400 a 500 muertes al día parece un cálculo demasiado moderado. Bajo el cielo de bronce, jóvenes y viejos, los débiles y los fuertes, se acuestan en el suelo de hierro y mueren. Las calles de Delhi están llenas de desdichados y desesperados miserables, a quienes un puñado de arroz les quitaría la respiración. Las mujeres y los niños, demasiado débiles para comer la comida que la piedad pone en sus bocas,

expiran en el esfuerzo por tragarla. Las madres en Travancore venden a sus lindos hijos por seis peniques, o un tazón de arroz, a compradores de castas bajas, y mueren cuando eso desaparece. - Los hombres en Cutch pastan y hojean, como el ganado.

India se recuperó, aunque la hambruna había llegado muchas veces antes y volvería. En los años posteriores a la tragedia, Gran Bretaña asumió una variedad de proyectos importantes para fortalecer y sostener la parte más nueva de su imperio. Se construyeron ferrocarriles, las operaciones comerciales se gestionaron mejor que antes y se empleó una operación agrícola que cambiaría el mundo en Darjeeling. El té estaba a punto de revolucionar la agricultura y las exportaciones indias.

El té había sido una de las importaciones más populares de Asia durante siglos en ese momento, pero provenía principalmente de China, y la poderosa dinastía Qing prohibió la exportación de sus semillas y plantas de té. El botánico escocés, Robert Fortune, tuvo la tarea de infiltrarse en la industria del té china, aprender a procesar los productos y llevar algunas de las materias primas a casa. Fortune se vistió como un rico mandarín y llevó a un compañero local con él para que actuara como su sirviente. El criado les indicó a los administradores de la fábrica que su amo había viajado una gran distancia para observar cómo se hacía un té tan maravilloso, y fue admitido cortésmente. Fortune logró aprender todo lo que necesitaba saber y sacar de contrabando los especímenes importantes de China en cajas de cristal especialmente construidas. En total, envió un estimado de 20,000 plantas de té a Inglaterra de esta manera. También pasó de contrabando diferentes variedades de rosas y otras plantas que capturaron su interés. El té y las flores resultaron más adecuados para la India, en lugar de las Islas británicas. Fueron trasplantados a campos en Darjeeling y atendidos por trabajadores chinos que también habían sido exportados ilegalmente desde China. Aunque las plantas tuvieron un comienzo difícil y muchas no sobrevivieron, India pronto superó a China como el mayor productor de té del mundo.

Con la agricultura, la industria y la infraestructura en evolución, Gran Bretaña se concentró en educar y "civilizar" a los indios bajo su mando. Se hizo obligatorio para las escuelas enseñar en inglés, aunque la mayoría de las escuelas estaban compuestas solo por estudiantes varones. Saber inglés significaba estar mejor preparado para trabajos administrativos y bien remunerados bajo el Raj, y, por lo tanto, la brecha de género en la educación evitó que la mayoría de las mujeres ganaran salarios dignos, si no totalmente, de cualquier tipo de empleo remunerado. Además de exigir el uso de la asistencia al servicio religioso en inglés y anglicano, la Corona británica alentó a sus súbditos indios a imitar la cultura inglesa en términos de deportes y moda.

A pesar de todo el esfuerzo dedicado a transformar a los indios en súbditos británicos, India se denominó "La joya de la Corona del Imperio británico". Proporcionó a Gran Bretaña todo el té que podía beber y mucho más para vender a Europa continental. Todos los bienes exportados a las Islas británicas desde India en 1910 se valoraron en 137,000 libras británicas, pero eso no fue todo lo que India tuvo que ceder. El ejército indio constituyó una porción significativa de los recursos militares de Gran Bretaña, que fueron de gran uso en todo el imperio y durante la Primera y la Segunda Guerra Mundial. Sin embargo, antes de que pasara el primer cuarto del siglo XX, India se había inquietado bajo el dominio británico. La clase media había crecido bajo la influencia de Gran Bretaña, y ahora anhelaba el autogobierno.

Capítulo 18 – El Sistema de Castas

"Mi método es el ateísmo. Creo que la perspectiva atea proporciona un fondo favorable para las prácticas cosmopolitas. La aceptación del ateísmo derriba inmediatamente las castas y las barreras religiosas entre el hombre y el hombre. Ya no hay hindúes, musulmanes o cristianos. Todos son seres humanos".

(Gora, *Un Ateísta Con Gandhi*)

A medida que la India experimentó cambios políticos, económicos y religiosos durante milenios, se estableció una jerarquía invisible que persistió a pesar del dominio extranjero, la guerra interna, los desarrollos agrícolas y pastorales, y el establecimiento del budismo: era el sistema de castas. Al igual que las divisiones de clase formales e informales de las sociedades modernas (clase baja, clase media, clase alta), las castas definieron las realidades económicas para la gente de la India, aunque inicialmente fue más definitivo de los roles que cada persona desempeñaba dentro de la comunidad. Según la literatura hindú, el sistema de castas divide a los hindúes en grupos según su trabajo y su deber, o karma y dharma. Estos grupos contienen brahmanes, kshatriyas, vaishyas y shudras.

Los hindúes creen que estos grupos de castas provienen del propio Brahma, el Dios de la creación, y por lo tanto cada uno de los grupos se basa en una parte del cuerpo de Brahma. Las personas más valiosas y, por lo tanto, las más influyentes fueron los Brahmanes, que vinieron de la cabeza de Brahma. Estos son intelectuales y maestros. Debajo de estos están los Kshatriyas, de los brazos de Brahma. Son los guerreros y reyes. Los siguientes son los Vaishyas, de los muslos de Brahma, responsables del comercio. De los pies de Brahma vinieron los Shudras, responsables del trabajo manual. Los dalit, o intocables, estaban en el peldaño más bajo de la escalera jerárquica; les dejaron el trabajo de limpiar baños y barrer calles. Técnicamente hablando, los Dalits ni siquiera están en el sistema de castas, sino que existen fuera de él.

Aunque es fácil imaginar que un sistema de este tipo sea económicamente viable en los días prehistóricos cuando las aldeas y pueblos de la India solo tenían diversos roles que cumplir, estas divisiones realmente eran psicológicamente influyentes. Las castas vivían separadas en secciones separadas de la comunidad, cada una evitando los pozos y espacios públicos de la otra. Las personas se casaron solo dentro de su casta y no comieron ni bebieron con miembros de los demás. Cuando los conquistadores musulmanes entraron a la India, el sistema de castas se mantuvo firmemente en su lugar, con la excepción de aquellos hindúes que se convirtieron al islam.

Además de las cuatro castas originales, se crearon 25,000 subcastas más para abordar específicamente cada rol de nicho con la comunidad. Teóricamente, si una persona nacida en la casta Shudra, cuyo trabajo familiar es fabricar ladrillos, entonces la fabricación de ladrillos Shudra es el destino de todos los hijos, nietos, bisnietos de esa persona, etc. Técnicamente hablando, el hinduismo deja espacio para que la pasión desempeñe un papel en subcastas opcionales; sin embargo, la realidad es, en general, que donde uno nace, uno permanece. Aunque existen excepciones inusuales a la regla, las castas efectivamente oprimieron a los pobres y mantuvieron a los ricos tan influyentes como sus antepasados. La ambición personal significaba muy poco a menos que fuera Brahman.

Cuando los hindúes maratha recuperaron gran parte del subcontinente para sus propios fines, las castas se reforzaron con vigor ya que los hindúes habían estado esperando la oportunidad de practicar plenamente su religión y estilo de vida durante siglos. Las castas no eran solo una parte tradicional de la organización social; en realidad podrían interpretarse como la voluntad del universo para una cultura que creía en la reencarnación. Los textos hindúes enseñan a sus seguidores que el alma existe a pesar de la muerte del cuerpo y que el alma de uno puede renacer en cuerpos nuevos una y otra vez, ya sea en el infierno, en el cielo o en la tierra. A través de sucesivas encarnaciones terrenales, el alma nace en una casta según su karma (en este caso solía significar "la suma total de las acciones de uno") y, por lo tanto, tiene la oportunidad de convertirse en una mejor persona en cada nueva vida. Teóricamente, el alma de uno puede vivir primero en la tierra como un Dalit y, a través de buenas acciones, alcanzar la etiqueta Shudra en su próxima vida hasta llegar finalmente a la cima de la jerarquía y finalmente convertirse en "moksha", el nivel espiritual final en el que ya no hay más vidas. En moksha, se alcanza la pureza y la inmortalidad.

En un nivel espiritual, estos son conceptos admirables. En la práctica, impusieron una carga muy injusta a los miembros de las castas inferiores o aquellos marcados como intocables. Al igual que las divisiones de clase baja, media y alta de otras sociedades, las de abajo son mucho más abundantes que las de arriba. El sistema se estableció tal como lo exigía la economía; más del 90 por ciento de los indios han pertenecido tradicionalmente al grupo intocable o al nivel de Shudra, donde trabajaron largas horas en la agricultura, la fabricación o el manejo de basura y desechos. Mientras tanto, unos pocos afortunados disfrutaron de los beneficios del nacimiento en el grupo Brahmin, en cuya adopción podrían esperar encontrar trabajos administrativos con menos horas y salarios más altos.

Dentro de las familias, los matrimonios entre castas estaban muy mal vistos, ya que las castas superiores se enorgullecían mucho de su posición. Cuando las castas se mezclaban, la etiqueta de la cena, desde los arreglos de la mesa hasta el tipo de comida servida, se volvía bastante complicada. Por tantas formas como existan para dividir una población en función del estado económico y ancestral, cada uno de ellos parece haberse manifestado en la práctica de cocinar, compartir y comer alimentos. Los diferentes tipos de preparación de alimentos son juzgados como "pukka" (perfecto) o "kacca" (desnudo), y solo el primer tipo es apropiado para compartir con otros.

Específicamente, los alimentos kacca son simplemente platos hervidos, al vapor o guisados; se sirven sin ningún tipo de grasa, son aceptables como parte de las comidas familiares o para dar a los sirvientes. Los alimentos pukka se han frito en mantequilla clarificada, o "ghee", lo que significa que están protegidos de las impurezas externas, según la tradición hindú. La escritora histórica Margaret Visser afirma: "Cuando un brahmán da un festín y quiere que venga tanta gente como sea posible, elige un menú de comida pukka y lo cocina él mismo, porque su toque no puede contaminar a nadie".

Aunque las castas no son evidentes en términos de color de piel o ropa, muchos apellidos indios denotan la jerarquía de su familia. Es uno de los pocos regímenes opresivos en el mundo en el que las personas veneradas y las personas empobrecidas son genéticamente iguales.

Capítulo 19 – Mohandas Gandhi

"Si este Imperio me parece algo malvado, no es porque odie a los británicos, odio solamente al Imperio".

(Gandhi)

India necesitaba un héroe nacional, y encontró uno con el nombre de Mohandas Karamchand Gandhi, mejor conocido como "Mahatma" Gandhi, o "de alma elevada" en sánscrito. Nacido en una familia de la subcasta de Baniya el 2 de octubre de 1869, Gandhi pasó su primera infancia en el estado principesco costero de Porbandar. Fiel a su casta alta, su padre, Karamchand, tenía un puesto administrativo como primer ministro del estado de Porbander. Karamchand se casó cuatro veces; murieron sus dos primeras esposas y tuvo un matrimonio polígamo con las dos últimas. Su cuarta esposa, Putlibai, tuvo cuatro hijos, el último de los cuales ayudaría a sacar a India de la era colonial y a una nueva era de republicanismo.

El padre de Gandhi era un hindú promedio, pero su madre adoraba a una subsección del hinduismo, conocida como Pranami Vaishnavism. La religión de Putlibai se centró en el Señor Vishnu, quien es considerado por los miembros de su secta como el señor supremo de todas las demás deidades, incluido el Señor Krishna, quien se considera otra encarnación de Vishnu. La madre de Gandhi era una mujer muy devota, que regularmente realizaba ayunos que ella creía que purificaban su cuerpo y su mente. Su influencia tendría un gran efecto en Mohandas cuando se convirtiera en un adulto con mentalidad política.

La familia se mudó a Rajkot en 1874, y allí, Mohandas y sus hermanos asistieron a la escuela. Como era costumbre, los niños estaban casados con una joven que sus padres eligieron para él. En el momento de la boda, Mohandas tenía 13 años y su novia, Kasturbai Makhanji Kapadia, tenía catorce años. Todavía en la adolescencia, la joven pareja dio la bienvenida a su primer bebé en 1885, pero murió en la infancia, lamentablemente a los pocos meses del propio padre de Mohandas. La pérdida pesó mucho sobre Gandhi, que todavía asistía a la escuela secundaria. Unos años más tarde, se graduó e inmediatamente buscó matricularse para estudios postsecundarios en la universidad más barata de su estado. Sin embargo, poco después de ser aceptado, abandonó y decidió realizar estudios jurídicos en Gran Bretaña.

El hermano de Mohandas, que ya era un abogado británico, apoyó esta decisión y ofreció ayudar con los gastos. Sin embargo, a Putlibai le preocupaba que su hijo se sintiera tentado a dejar de lado sus creencias hindúes si pasaba tanto tiempo lejos de la India. Incluso el jefe local le indicó a Gandhi, de 18 años, que, si salía de casa, sería expulsado de su casta. Sin preocuparse, Mohandas hizo el viaje a Londres y aceptó su inscripción en el University College de Londres.

El joven estudiante le había prometido a su familia que continuaría absteniéndose del alcohol, la carne y los asuntos extramatrimoniales, y esta fue una promesa que se tomó en serio. Desafortunadamente, encontró muy poco para comer en Londres que se adaptara a su dieta vegetariana. Finalmente, encontró un restaurante vegetariano solitario en la ciudad y se hizo amigo de muchos de sus clientes, quienes lo eligieron miembro ejecutivo de la Sociedad Vegetariana. Fue esta sociedad la que cambió la vida social de Mohandas, ya que conoció a muchos hindúes, budistas y filósofos teológicos con los que podía discutir sus propias creencias y esperanzas para el futuro.

Después de obtener su título de abogado y aprobar los exámenes necesarios para establecer su propia práctica, Gandhi dejó Londres a los 22 años para descubrir la devastadora noticia de que, durante sus estudios, su madre había fallecido. Después de varios años de luchar para establecer una oficina legal en India, el joven aceptó un puesto legal en la Colonia de Natal, Sudáfrica. Zarpó solo en 1893, esperando trabajar en Natal durante aproximadamente un año.

El evidente racismo que experimentó Gandhi en Sudáfrica, entonces una colonia británica, no solo fue humillante, sino también políticamente revelador. Mohandas se consideraba un ciudadano británico igual a los de cualquier otra colonia, pero fuera de la India, quedó claro que los ciudadanos británicos blancos se destacaban por encima de los demás. A los no blancos se les negaron asientos en el autobús, se esperaba que no se mezclaran con los blancos y, en general, fueron acosados y golpeados por una gran cantidad de supuestas indiscreciones que pueden haber sido imaginadas o no. Perplejo y desorientado, Mohandas completó el proyecto legal para el que había sido reclutado e hizo planes para regresar a la India; pero no cumplió con esos planes. En cambio, simplemente reunió a su familia y regresó a la Colonia de Natal, inspirado para ayudar a los indios allí con la muy necesaria reforma legal.

Aunque al principio, Gandhi se centró singularmente en la difícil situación de los indios en Natal, finalmente extendió esa empatía a los negros oprimidos nativos de Sudáfrica. Cuando el Imperio británico declaró la guerra al Reino Zulú en 1906, Mohandas se había dado cuenta de que no era solo su propio pueblo el que había sido presionado bajo el mando de Gran Bretaña. Para demostrar solidaridad entre indios y africanos, Gandhi organizó un grupo de portadores de camillas cuyo deber autoimpuesto era recolectar y atender a los soldados heridos de ambos lados de la lucha. En muchos casos, se impidió que el grupo ayudara a los zulúes, y los soldados británicos dispararon contra los miembros negros de las camillas.

Desalentado por la tendencia natural de la humanidad hacia la violencia y la jerarquía, Gandhi se mudó a una granja cerca de Johannesburgo y fundó Tolstoy Farm. Junto con su amigo, Hermann Kallenbach, Tolstoy Farm se dedicó a la vida pacífica y comunitaria y a la filosofía de la reforma pacífica a través de la no violencia. Mohandas vivió en la granja durante cinco años, meditando sobre sus propias ideas de política ideal y protesta, antes de que el líder del Congreso Nacional Indio lo instara a regresar a la India. Regresó, listo para marchar nuevamente con sus hermanos y hermanas indios en busca de la independencia.

Fue Gopal Krishna Gokhale quien convocó a Gandhi y su familia desde Sudáfrica. Se encargó de actualizar a Gandhi, que para entonces era venerado por las comunidades indígenas internacionales como líder, sobre los problemas políticos que enfrentaba India ese año, 1915. Annie Besant fundó El Congreso Nacional y los indios de todo el país se preguntaban si había algo que ganar al seguir siendo una colonia de Gran Bretaña. El movimiento independiente de la India comenzó a ganar tracción, especialmente bajo la influencia de Gandhi.

Sin embargo, antes de poder separar India de Gran Bretaña, Gandhi tuvo que unir a su propia gente para trabajar juntos hacia el mejoramiento de India. Viajó a Champaran en 1917 para ayudar a los granjeros locales y empobrecidos mientras exigían a la administración británica. Su diplomacia trajo cambios muy necesarios. Al año siguiente en Kheda, luego de inundaciones desastrosas, Mohandas reunió a la gente para mantenerse firme en su resolución de no pagar impuestos sobre el dinero que no podían ganar. La resistencia duró cinco largos meses, pero Gran Bretaña finalmente cedió. En 1919, el activista comenzó importantes conversaciones con los líderes musulmanes de su país, pidiendo que se unieran con los hindúes y otros grupos para presionar por el alivio del dominio colonial. Ese mismo año, el gobierno británico aprobó la Ley Rowlatt, por la cual cualquier presunto terrorista en la India británica podría ser encarcelado por hasta dos años sin un juicio. El terrorismo del que habló el gobierno había sido en pequeña escala, pero estaba comprometido a responder al creciente movimiento anticolonial.

Gandhi y otros criticaron públicamente la Ley Rowlatt. Programaron manifestaciones y manifestaciones durante las cuales los manifestantes oraron, ayunaron y protestaron pacíficamente. En algunas ciudades, sin embargo, las manifestaciones se convirtieron en disturbios, lo que llevó a Gandhi a ordenar que se detuvieran. No podía apoyar protestas generalizadas a menos que fueran estrictamente libres de violencia. Cuando la ley entró en vigencia, dos destacados miembros del Congreso Nacional, el Dr. Satya Pal y el Dr. Saifuddin Kitchlew fueron arrestados. Para evitar más protestas, el ejército fue enviado a Punjab durante la misma semana, ya que muchos sijs viajaron allí para celebrar el Día de Baisakhi. El 13 de abril, las protestas pacíficas en Amritsar contra la deportación de más líderes políticos provocaron una respuesta del ejército y los combates pronto se salieron de control. Más de cientos de personas fueron asesinadas y más de mil resultaron heridas a manos del ejército. A partir de entonces, se le llamó la Masacre de Amritsar.

Con el ejército operando bajo el liderazgo de la Corona británica, los asesinatos del Día de Baisakhi convencieron a la mayoría de los indios de que Gran Bretaña era realmente el enemigo. Molesto porque sus compatriotas no pudieron mantener libre su violencia de protesta y evitar la ira de los guardias británicos, Gandhi comenzó un ayuno para tratar de inspirar a sus paisanos y mujeres a considerar sus acciones con más cuidado. Dos años más tarde, el propio Mohandas fue puesto a cargo del Congreso Nacional Indio, y no había duda en qué dirección quería tomar su partido político.

El alcance musulmán fue seguro cuando Gandhi expresó su apoyo al Califato turco, pero desapareció con la misma rapidez cuando el régimen turco se derrumbó en 1922. Aun así, tuvo una gran parte del apoyo popular del país. La gente lo llamó "Mahatma" y siguió su ejemplo de no cooperación con la legislación británica. Boicotearon productos británicos e intentaron comprar solo productos indios. El propio Gandhi vestía solo prendas sencillas tejidas con lana india, denunciando prendas costosas que no todos sus indios podían permitirse.

Gandhi fue arrestado el 10 de marzo de 1922 por sedición. Condenado a seis años de prisión, solo cumplió dos años antes de ser liberado por razones médicas. Luego de una operación de apendicitis, el líder político fue liberado y rápidamente regresó a su trabajo.

Capítulo 20 – La Marcha de la Sal y La Independencia

"La paz no es una relación de naciones. Es una condición mental provocada por una serenidad del alma. La paz no es simplemente la ausencia de guerra. También es un estado mental. La paz duradera solo puede llegar a las personas pacíficas".

(Jawaharlal Nehru)

Mientras Mohandas Gandhi trabajó para cultivar una revolución pacífica, su compatriota, Jawaharlal Nehru, siguió un camino similar. Nacido en 1889 en Ahallabad, India británica, Nehru estudió en el Trinity College de Cambridge y obtuvo un título en ciencias naturales. Después de graduarse, se mudó a Londres y estudió derecho en Inner Temple antes de regresar a India para convertirse en abogado en ejercicio.

No fue hasta que los indios bajo el dominio británico comenzaron a protestar abiertamente en la década de 1910 que Nehru se unió a la política, y todo comenzó con su asistencia al Congreso Nacional Indio anual en 1912. Un partido político compuesto principalmente por moderados, el Congreso parecía inquietantemente elitista para Nehru. Inmediatamente se percató de que todos sus miembros hablaban inglés, en su mayoría miembros de familias ricas. A pesar de las dudas basadas en estas observaciones, Nehru decidió seguir adelante y trabajar con la parte en la búsqueda de los derechos civiles indios.

En 1930, Nehru se unió a decenas de miles de otros indios para seguir el plan de Gandhi para la desobediencia civil disruptiva contra el gobierno británico. Mohandas razonó que el impuesto a la sal, que había estado vigente desde 1882 y requería que todos los indios compraran sal de alto precio solo a los británicos, ofrecía la oportunidad perfecta para una manifestación masiva. Era ilegal recolectar sal, por lo que los manifestantes decidieron caminar a la ciudad costera de Dandi en el mar Arábigo y hacer exactamente eso. Dandi estaba a 386 kilómetros (240 millas) de distancia de su punto de partida en Sabermanti.

El viaje comenzó con solo unas pocas docenas de participantes el 12 de marzo, pero a medida que avanzaban hacia el oeste, muchos más se unieron a ellos en el camino. Gandhi habló con la gente de cada comunidad por la que marcharon e instó a sus compañeros indios a unirse a él para violar la ley y demostrar a Gran Bretaña que había fuerza dentro de India para pensar por sí misma y deshacerse de las cadenas de la opresión colonial. Los periódicos informaron sobre este progreso, al principio burlándose de lo que veían como un tema insignificante para que se concentraran los manifestantes, y, sin embargo, Mohandas sabía que, si cualquier tema podía ser abordado por todas las castas y jerarquías económicas de la India, era la sobrevalorada sal. Cada hogar requería sal, y la India era perfectamente capaz de producir su propio stock asequible del mineral.

Había pasado más de una década desde la violenta masacre en Amritsar, y Gandhi creía que él y sus compañeros manifestantes estaban listos para hacer una gran escena con cero violencia. Él estaba en lo correcto. Cuando Nehru, Gandhi y otros miembros del Congreso Nacional Indio se dirigieron a Dandi, la multitud aumentó a decenas de miles cuando el viaje llegó a su fin el 5 de abril. En el borde de la India, donde el agua de mar se unía con la tierra, Gandhi entró en el agua para hacer sal. Descubrió que los cristales de sal natural de las olas ya habían sido aplastados y golpeados en la arena por equipos de policía, pero eso no lo disuadió de su propósito. Metió la mano en la arena húmeda y encontró un gran trozo de sal sin triturar, lo tomó del mar y desafió así la ley de la sal. Miles se unieron a él, tanto en Dandi como en otras regiones costeras, recolectando y cosechando su propia sal del mar. Un gran número de los que practicaron la desobediencia civil intencional eran mujeres, orgullosas y finalmente capaces de hablar por sí mismas y por su nación.

El gobierno británico no estaba satisfecho. Mohandas Gandhi fue arrestado y encarcelado, pero sus seguidores estaban tan inspirados por la marcha de la sal que continuaron con una protesta en las Salinas de Dharasana el 21 de mayo. La policía estaba lista para la desobediencia, y cuando llegaron a la escena unos 2.500 activistas pacíficos, los primeros se pusieron en contacto con los clubes. Fue otra masacre, esta vez a manos de indios nativos contra su propio pueblo al mando de los británicos. Peor aún, ninguno de los manifestantes levantó la mano en violencia o incluso en defensa propia, ejecutando perfectamente su ideal de protesta pacífica. La policía golpeó al menos a 300 personas y mató a dos.

The *United Press* describió a una mujer valiente y dominante al frente del grupo de protesta:

> Las oraciones clamaron mientras los voluntarios vestidos de blanco se arrodillaban a la luz de la luna y un discurso apasionado de la poetisa líder, la Sra. Sarojini Naidu, abrió el ataque masivo de 2.500 manifestantes de independencia hoy en las Salinas de Dharasana. La poetisa, vestida con una túnica tosca y casera y zapatillas suaves, pero sin medias, exhortó a sus seguidores a la redada en la que 260 de ellos resultaron heridos y que provocó su propio arresto.

Jawaharlal Nehru también fue arrestado en la protesta, al igual que otros 60,000 indios declarados culpables de diversas desobediencias tras el enfrentamiento. Además de obtener el apoyo internacional para su difícil situación, India obtuvo solo un pequeño influjo político del movimiento de no cooperación. A Gandhi se le permitió personalmente reunirse con el virrey de la India, Lord Irwin, después de ser liberado de la prisión en enero de 1931 y posteriormente se le otorgó un lugar en una conferencia de Londres sobre la administración india. No pudo lograr nada más para su país en esa conferencia y, decepcionados, sus colegas del Congreso Nacional Indio comenzaron a buscar otros métodos para lograr la independencia. Nehru y Gandhi se separaron.

Mientras Mohandas asumió la difícil situación de los intocables de la India, Nehru permaneció con el Congreso y continuó presionando por el autogobierno. Finalmente, en 1947, lograron su objetivo. A la medianoche del 15 de agosto, entró en vigencia la Ley de Independencia de la India, que dividió a la India británica en los Dominios de India y Pakistán. Unos años más tarde, estos se reafirmaron como la República de la India y la República islámica de Pakistán. El Congreso Nacional Indio se colocó en el poder de la nueva república con Jawaharlal Nehru al frente del gobierno como primer ministro de la India. India fue finalmente independiente.

Capítulo 21 – Vida Salvaje, Antes y Ahora

"La grandeza de una nación y su progreso moral se pueden juzgar por la forma en que se trata a sus animales".

(Mohandas Gandhi)

Aunque la colocación inicial del Congreso Nacional Indio en el poder sobre el nuevo Dominio fue temporal, se votó oficialmente en esa misma oficina después de las primeras elecciones democráticas del país. Fue un paso importante no solo hacia una mejor organización de los recursos y la infraestructura del país, sino hacia formas más complejas de autocuidado. Había muchas maneras en que la nueva India esperaba mejorar, y eso incluía encontrar formas de cuidar el paisaje físico y las criaturas que habitaban en el Dominio de la India.

La flora y la fauna del subcontinente indio son tan espléndidas, diversas y sorprendentes como la gente y la cultura. Hace diez mil años, enormes mamuts lanudos vagaron por la tierra y comenzaron a convertirse en un miembro apreciado de esta parte del mundo: el elefante indio. Una subespecie del elefante asiático más grande, estos elefantes han compartido su hogar ancestral con una variedad de criaturas fascinantes, desde el tigre de Bengala y el rinoceronte indio hasta el leopardo de las nieves y el pavo real. Varios milenios pasados junto a las comunidades humanas de la India han tenido quizás la influencia más duradera en estas poblaciones de vida silvestre.

Ya hemos discutido el destino de esos grandes elefantes que se convirtieron en mascotas y favorecieron a los guerreros de las primeras tribus de la India. Entrenados desde la infancia para seguir las órdenes de sus amos humanos, cientos de miles de elefantes asiáticos ayudaron a dar forma al paisaje político del antiguo subcontinente. Eran el orgullo del ejército maurya y del ejército mogol; incluso la Compañía de las Indias Orientales tenía 1.500 elefantes de guerra en su arsenal militar que se usaron durante la Rebelión de los Cipayos de 1857. Aunque el uso de elefantes de guerra disminuyó en el siglo XX, los elefantes siguieron siendo útiles durante la Segunda Guerra Mundial cuando la India británica los utilizó para ayudar transportar materiales de construcción y manipular troncos para la construcción de carreteras y puentes.

Después de toda una vida de alianza humana, una criatura cuyos números solían estar en los cientos de miles para cada caudillo regional se estimó en menos de 35,000 en la naturaleza. Los elefantes de la India actual han sido cazados por deporte, muertos por miedo y sufrieron una disminución en el número debido a la pérdida de hábitat natural. La Unión Internacional para la Conservación de la Naturaleza los enumera como especies en peligro formal, pero el futuro no es necesariamente tan oscuro para estas magníficas criaturas. En 1992, el Ministerio de Medio Ambiente y Bosques del gobierno indio emprendió el Proyecto Elefante, una estrategia para proteger a los elefantes y sus hábitats, confrontar los problemas entre las comunidades humanas y los elefantes, y mirar hacia el bienestar de los elefantes domesticados.

Los elefantes no son el único animal de la India que se enfrenta a la extinción. A ellos se unen sus masivos cohabitadores felinos, los tigres de Bengala, en la lista de especies en peligro de extinción de la

UICN. Venerado por su tamaño, poder y hermoso pelaje a rayas naranjas y negras, el tigre de Bengala lamentablemente se redujo a aproximadamente 2,500 individuos en la naturaleza de la India, aunque oficialmente es el Animal Nacional de la India. El número de tigres ha disminuido enormemente en los últimos siglos, principalmente debido a la caza mayor. Las pieles preservadas de estos tigres fueron apreciadas por muchos colonialistas británicos que vivieron en India durante el Raj, y las cabezas de estos felinos cazados todavía se consideran trofeos maravillosos para algunos cazadores deportivos.

La caza mayor de ninguna manera comenzó con los británicos, por supuesto. La industria realmente se convirtió en un gran negocio en India cuando el emperador mogol del siglo XVI Jalal-ud-din Muhammad Akbar organizó safaris de caza deportiva para él y para importantes dignatarios visitantes. Desde ese momento, los aristócratas del país, ya sean mongoles, turcos, afganos o de otro tipo, pasaron su tiempo libre a caballo o a horcajadas sobre elefantes masivos, en busca de los depredadores más peligrosos de los bosques y praderas para disparar y matar. Los tigres fueron los más cazados.

También conocidos como Royal Bengal, estos gigantes felinos habitan naturalmente en los bosques, praderas y manglares de la India, cazando ciervos, sambars, nilgais, búfalos y gaurs por la noche y durmiendo la mayor parte del caluroso día. Fueron venerados, al igual que los elefantes indios, en antiguas comunidades del valle del río Indo. El sello Pashupati de la Civilización del Valle del Indo tiene la semejanza de este felino de ojos grandes y cara ancha, y en la mitología védica e hindú, el tigre es un símbolo de poder. Incluso la Diosa Durga se sentó a horcajadas sobre un tigre de Bengala mientras viajaba por la Tierra. Hoy en día, existe una posibilidad muy real de que el tigre real de Bengala se pierda por completo, quedando solo en obras de arte y sellos postales indios.

La primera ministra Indira Gandhi, la primera mujer en gobernar India desde Razia Sultana del sultanato de Delhi, promovió un mandato del gobierno para salvar a los tigres de su nación. En 1973, promulgó el Proyecto Tigre como un medio para proteger al recién elegido Animal Nacional de la extinción y el asesinato a manos de los cazadores. Se han realizado múltiples esfuerzos de conservación para salvar al tigre, incluido el establecimiento de más de 50 reservas de tigre, pero ha resultado muy difícil impactar positivamente a la población de Bengala. La Reserva de Tigres de Sariska en Rajasthan declaró que perdió a cada uno de sus 16 tigres protegidos en 2005, una pérdida debido principalmente a la caza furtiva. Además del pelaje del tigre, los dientes y huesos de Bengala se consideran ingredientes vitales para las medicinas chinas, lo que hace que el felino sea excepcionalmente valioso para los cazadores furtivos. El Proyecto Tigre ha sido un desafío, pero como el país más vasto en tigres del mundo, India ha logrado aumentar su recuento de tigres salvajes en aproximadamente un 30 por ciento.

El gobierno y el pueblo de India han trabajado arduamente para pasar de una cultura de caza mayor a conservacionistas de especies, particularmente con los animales inusuales que más luchan para lidiar con el crecimiento de las poblaciones humanas. Los más de 500 santuarios de vida silvestre de la India ayudan a la nación a cuidar su vida silvestre y también impulsan el turismo del país. Tanto los turistas como los indios han mostrado gran interés y empatía por los grandes felinos del subcontinente, que rara vez se pueden ver en otras partes del mundo. Los leopardos de las nieves en peligro de extinción del Himalaya son solo una de las impresionantes especies de grandes felinos que llaman hogar a la India. Sus patas grandes, pelaje largo y patrón de manchas negras, grises y blancas lo distinguen de sus primos más grandes de tigres y leones de los bosques. Varias de estas hermosas panteras se pueden encontrar en el Parque Nacional de Hemis en Cachemira y Jammu.

La preservación se ha apoderado de toda la India, y casi todas las criaturas encuentran refugio en al menos un parque o complejo. Los rinocerontes de un cuerno se divierten en el Parque Nacional

Kaziranga en Assam, los ciervos de Cachemira encuentran refugio en Dachigam, y los leones asiáticos preservan su orgullo en el Parque Nacional Gir Forest de Gujarat. La prehistoria y la Edad Moderna temprana pueden haber sido difíciles para los preciosos animales de la India, pero la gente está trabajando arduamente para proteger y cuidar a las especies que también llaman hogar a la India.

Capítulo 22 – Una Breve Historia del Curry

"Es una pena que mamá no use los cientos de otras frutas, verduras y especias disponibles en todo el mundo. Si no es indio, según ella, no es bueno".

(Amulya Malladi, autor indio)

Desde los primeros pasos dados por un extraño al subcontinente de cardamomo, cúrcuma, jengibre, fenogreco y una sorprendente variedad de hierbas, aromáticos y conservantes naturales, estaba claro que India tenía algo muy especial a fuego lento en la cocina. Se ha hecho una gran generalización de estos platos diversos y suculentos incluso desde los días de comercio a lo largo de la Ruta de la Seda, pero simplemente hablando, posee una colección de ingredientes muy apreciados utilizados por la mayoría de los cocineros indios, ya sea que vivan en Nueva Delhi o Chennai. Estos se unen de cien maneras diferentes para crear lo que hemos llegado a describir como un "curry": un plato muy condimentado cocinado al estilo indio.

Los famosos curries de la India no carecen de su propio conjunto de reglas gastronómicas. Por lo general, los indios se sientan en el suelo con las piernas cruzadas para disfrutar de una comida. Es una tradición que probablemente tiene sus raíces en el estilo de vida védico, ya que la postura imita a la de Sukhasan, una importante pose de yoga. En lugar de las mesas y sillas altas predominantes en la mayoría de los comedores occidentales, el comedor clásico indio presenta una mesa baja rodeada de varios cojines. Los comensales usan sus manos y pedazos de pan para comer.

Existe una colección tradicional de hábitos y modales que se espera que se usen en la mesa india. Se considera habitual en una mesa formal sentarse con las manos recién lavadas y evitar que los utensilios de servir se mezclen en los platos, esta última por respeto a los vegetarianos entre los comensales. Lavarse las manos no solo es importante para un comensal, sino para todos en la mesa, ya que es costumbre comer con la mano derecha. Pasar los alimentos con la mano izquierda ayuda a mantener el comedor libre de contaminación cruzada.

Desde los primeros días del valle del río Indo, las áreas de vida de los hogares presentaban comidas cocinadas de los abundantes cultivos de las llanuras aluviales. Los agricultores de Harappan se volvieron dependientes de una variedad de granos que seguirían siendo los alimentos básicos para la mayoría de la India en la era moderna. Estos incluyen trigo, mijo, arroz y lentejas. Junto con una amplia variedad de verduras y especias, estos ingredientes fundamentales se usaron una y otra vez hasta que los cocineros aprendieron cómo manipularlos mejor en términos de longevidad, sabor y satisfacción nutricional. El trigo integral molido se convirtió en panes sin levadura; las lentejas se pueden moler en harina, hervirse en sopas o condimentarse para estar solo como plato principal. A medida que la gente de Harappan se extendía a lo largo del Valle del Indo y hacia el sur a lo largo del Sarasvati, aprendieron a mezclar una colorida colección de verduras y frutas en sus guisos, incluidas berenjenas, cebollas, taro, mangos y tamarindos.

La investigación arqueológica en los utensilios y restos dentales de los Harappans de la antigua Farmana, situada en el norte de Haryana, reveló que las recetas de los antiguos indios no eran muy diferentes de lo que se usan hoy en día. Al llamarlo un "proto-curry" de los Harappans, la escritora de alimentos Soiti Bannerjee extrapoló esos hallazgos en una receta simple que habría sido preparada en una olla de barro.

Proto-Curry, circa 2000 a. e. c.

6-7 berenjenas pequeñas, lavadas y cortadas

Trozo de jengibre de 1 pulgada, molido

1 cúrcuma fresca, molida o ¼ cucharadita de polvo de cúrcuma

Sal

1 cucharada de mango crudo cortado en cubos

2-3 cucharadas aceite de sésamo

¼ cucharadita comino

Jugo de caña de azúcar deshidratada al gusto

Algunas hojas de albahaca dulce (opcional)

Muchos de los Harappans eran vegetarianos, probablemente debido a la falta de animales domesticados y la abundancia de cultivos ricos en proteínas en el valle del río Indo. También es posible que la religión védica sin carne hiciera su aparición durante este período, ante la gran cantidad de migrantes asiáticos. Alrededor de la época del proto-curry, la necesidad de comer solo alimentos de origen vegetal comenzó a cambiar. Según las colecciones de huesos que se encuentran en los sitios arqueológicos, parece que el pollo domesticado puede haber comenzado su viaje evolutivo a lo largo de las llanuras aluviales del Indo. Los investigadores han postulado que dos especies de aves silvestres, un ave de jungla roja y un ave de jungla gris, se cruzaron para crear un tipo de ave que no podía volar bien y que naturalmente estaba inclinada a la domesticación.

Aproximadamente cinco siglos después, grandes grupos de arios se trasladaron al subcontinente, trayendo consigo rebaños de ganado domesticado que se usaban solo para la leche. Según las creencias de estos pastores, las vacas eran una parte sagrada y muy respetada de la vida cotidiana, y como tales, no fueron sacrificadas para obtener carne. Esta idea ha persistido en muchas sectas del hinduismo e incluso ha inspirado el vegetarianismo en hasta el 30 por ciento de los indios de hoy, con la ayuda del budismo y el jainismo. Tantas personas creyeron fervientemente en el bien del vegetarianismo que hace unos 5,000 años la filosofía de una dieta sin carne fue filosofada como una parte fundamental del jainismo. Hoy en día, es obligatorio que los restaurantes en India marquen sus platos con un círculo verde o rojo, el primero indica que solo se usaron artículos vegetarianos en su preparación.

Aunque los arios no dañaron a sus vacas, de ninguna manera eran personas vegetarianas. Les mostraron a los Harappans cómo cuidar a los animales domésticos como las cabras, que rápidamente se hicieron tan populares como los pollos para una gran parte de los antiguos indios carnívoros. Aunque es un ingrediente inusual para muchos occidentales, la cabra sigue ocupando un lugar destacado en los menús de toda la India actual. Sin embargo, la carne y la leche no son las únicas piezas importantes del rompecabezas introducidas en la deliciosa paleta culinaria india por Asia central; los arios también trajeron mostaza, pimienta negra y cúrcuma.

Debido a la constante afluencia de comercio, cultura y personas en las regiones del norte de la India, es aquí donde generalmente vemos la mayoría de las influencias de Asia central y oriental en la cocina regional. Los conquistadores griegos y chinos no tenían tales creencias que les impidieran tomar vidas de animales para el consumo y sus métodos de cocción involucraban una abundante mezcla de arroz, pollo y cítricos. El norte de la India se convirtió en un centro culinario conocido por el uso de azafrán, ricas y cremosas salsas korma, queso, leche, pollo asado, cerdo, cabra y los suaves y esponjosos panes naan blancos de los afganos. Mucho antes de que las infames plantaciones de té indio se cultivaran, los indios disfrutaban del té enviado desde China.

Por supuesto, había aún más ingredientes para descubrir y desarrollar dentro de las culturas locales. India tiene una costa de 7.517 km (4.671 millas), lo que hace que la pesca sea una parte lógica de la vida de millones de personas que viven al alcance del mar Arábigo, la bahía de Bengala, el mar de Laccadive y el mar de Andaman. A lo largo de estas inmensas costas, los indios pescaron, utilizaron ingredientes locales para acompañar sus frutos del mar y crearon ricas tradiciones culinarias. Aunque no todos los hindúes estuvieron de acuerdo con consumir pescado, muchas subsecciones del estilo de vida dieron la bienvenida al uso de mariscos.

Konkan es una costa a lo largo del oeste de India que se extiende por 720 kilómetros (casi 450 millas) a través de los estados indios modernos de Maharashtra, Goa y Karnataka. Aquí, la gente de Malvani ha subsistido con curry de pescado y arroz durante cientos de años. Los platos importantes a lo largo del Konkan incluyen pan de trigo y mijo esponjoso y frito, sopa de coco, cordero y pollo al curry, pato frito, anacardos picantes y una variedad de mariscos. Aquí, es común que se sirva caballa frita, pescado al curry y gambas al curry o frito. El coco se destaca en gran medida en las recetas locales, al igual que el abundante mango de la región. La gran ciudad de Mumbai, históricamente una parte de Konkan aunque ahora políticamente separada, es el hogar de una variedad de delicias costeras que deleitan los sentidos.

También conocido como Bombay, Mumbai ha estado repleto de diversos sabores, pescado, alimentos para migrantes y vendedores ambulantes durante el tiempo que sus habitantes hayan tenido hambre. Donde antes había pescado fresco, ahora hay platos vegetarianos complejos compuestos de fideos de harina de garbanzos, papas hervidas, tomate fresco, cilantro (Bombay bhelpuri), panes extremadamente mantecosos, brun maska persa, té chai e incluso exquisiteces como albóndigas idli, tradicionalmente se encuentran solo en el sur. Quizás no haya mejor lugar para experimentar la mezcla de culturas, religiones e ingredientes regionales de la antigua y moderna costa de India que aquí en una de sus ciudades más antiguas.

El sur de la India es famoso por una tradición culinaria que incluye algunos de los platos más picantes y especiados del país, aunque el ají solo llegó al subcontinente a mediados del siglo XVI. Indígenas de Mesoamérica, estas pequeñas deliciosas joyas picantes probablemente llegaron primero a la costa suroeste de la India en los barcos de los comerciantes portugueses. Además de una variedad de curry picante y suave, la cocina sureña presenta una deliciosa colección de guarniciones, que incluyen papadams (galletas grandes de harina de garbanzos), panes de dosa tipo crepe, arroz frito y pasteles de lentejas fermentadas (idlis). Es aquí donde encontrará una marcada diferencia en las texturas de cada curry, ya que la mayoría se divide entre presentación en seco (poriyals, servido con arroz) y guisos acuosos llamados sambars, rasams y kootus. El tamarindo es un ingrediente habitual en muchas de estas recetas del sur de la India, que le brinda un sabor agrio y afrutado a los platos de verduras y carne.

El estado norteño de Rajasthan es el hogar de la mayor población de vegetarianos de la India, que representan casi el 75 por ciento de los ciudadanos del estado, es decir, más de 50 millones de casi 69 millones de personas. Los estados vecinos Haryana y Punjab también tienen porcentajes muy altos de vegetarianos, lo que corresponde con su alta tasa de hindúes y jainistas. Bengala Occidental, Andhra Pradesh, Telangana y Tamil Nadu son el hogar de la mayoría de los ciudadanos que comen carne en el país, y según los informes, hasta el 98 por ciento de las personas consumen carne como parte regular de su dieta. En estos estados, una forma no vegetariana de hinduismo es más prominente. Como siempre lo ha hecho, los sistemas de creencias de la India tienen un impacto fundamental en sus normas dietéticas. Con el movimiento de grupos aún más religiosos a la India antigua y medieval, se establecieron aún más ingredientes, fusión culinaria y estándares dietéticos.

Capítulo 23 – El Programa Espacial

"India no es, como la gente lo sigue llamando, un país subdesarrollado, sino que, en el contexto de su historia y herencia cultural, es un país altamente desarrollado en un estado avanzado de decadencia".

(Shashi Tharoor)

El Primer Ministro Jawaharlal Nehru estableció el Comité Nacional de Investigación Espacial de la India en 1962 para llevar a su país a la era espacial junto con la Unión Soviética y los Estados Unidos. Aunque la India no tenía los recursos financieros necesarios para competir con sus colegas para llevar a las personas a la luna, sí tenía un fondo inspirador de mentes científicas y matemáticas para competir con cualquiera en el mundo. Bajo la dirección del Dr. Vikran Sarabhai, el departamento y su sucesor, la Organización de Investigación Espacial India, lanzó un exitoso proyecto para fabricar y lanzar un satélite en órbita. Ese satélite, llamado Aryabhata en honor del matemático del siglo VI, llegó a la órbita en 1975, gracias a un viaje en un cohete de la Unión Soviética. Sarabhai y sus asociados también construyeron la Estación de Lanzamiento de Cohetes Ecuatoriales Thumba cerca del extremo sur de la India continental, muy cerca del ecuador magnético natural de la Tierra para facilitar la investigación atmosférica.

ISRO, la Organización de Investigación Espacial de la India, reemplazó a la agencia original de Nehru en 1969. Encargado de desarrollar tecnología de la era espacial para su uso dentro de la India, además de cooperar en la exploración espacial, ISRO construyó con éxito una asombrosa cantidad de embarcaciones y maquinaria que ayudaron a toda la era espacial nacional en su búsqueda del conocimiento. En las primeras décadas de ISRO, la organización se centró principalmente en construir y lanzar cohetes que pudieran poner en carga órbitas alrededor de la tierra y la luna.

En la década de 1980, ISRO realizó nueve lanzamientos exitosos de satélites que se utilizarían como enlaces de transmisión y comunicación. En 1984, el primer indio fue enviado al espacio: Rakesh Sharma. Sharma era un piloto de la Fuerza Aérea de la India elegido por el programa soviético Interkosmos para volar en la nave espacial Soyuz T-11 para conectarse con la estación espacial Salyut 7. La misión fue un éxito, y con Rakesh Sharma a bordo de la estación espacial soviética como Cosmonauta de Investigación, su misión fue observar la Tierra desde el espacio. Además de los esquemas de observación específicos, Sharma realizó varios experimentos que incluyeron biomedicina, procesamiento de materiales y teledetección. En total, Sharma y sus colegas soviéticos pasaron 7 días, 21 horas y 40 minutos a bordo del Salyut 7. Esta misión convirtió a la India en la decimocuarta nación en enviar un humano al espacio.

En 1993, India había lanzado 16 satélites de al menos 5 países diferentes, ayudando a desarrollar la tecnología digital de todo el mundo. Los especialistas en comunicaciones y vuelos espaciales de la India continuaron lanzando satélites, basándose en su conocimiento existente hasta el punto de que, en 2008, su propio orbitador lunar, Chandryaan, se instaló alrededor de la luna. Chandrayaan funcionó durante casi un año y lanzó su propia sonda Moon Impact Probe.

Durante los 312 días de servicio de Chandryaan, cartografió las características químicas de la superficie de la luna, utilizando la topografía 3D. Cinco instrumentos de fabricación india ayudaron a la investigación, más seis de otros países participantes. Los puntos de interés en la superficie lunar eran sus regiones polares, ya que se esperaba que estas áreas pudieran estar ocultando agua en forma de hielo. De hecho, inspeccionó la superficie lunar para producir un mapa completo de sus características químicas y un gráfico de topografía tridimensional. De hecho, Chandrayaan se convirtió en la primera misión lunar en encontrar pruebas de la existencia de hielo en la luna.

Para celebrar el logro masivo del proyecto liderado por la India, el equipo de Chandrayaan recibió múltiples premios internacionales, incluido el Premio SPACE 2009 del Instituto Americano de Aeronáutica y Astronáutica, el Premio de Cooperación Internacional del Grupo de Trabajo de Exploración Lunar Internacional y el Space Pioneer Premio de la Sociedad Nacional del Espacio. La existencia de hielo en la luna fue una noticia sensacional para aquellos involucrados en la exploración espacial porque el agua, en cualquier forma, se considera el ingrediente más importante en el desarrollo y la evolución de la vida.

La comunidad científica se asombró por los datos lunares de ISRO, pero el programa espacial de India estaba lejos de estar terminado. Otra astronauta india entrenada, una mujer llamada Kalpana Chawla, fue elegida como parte de la tripulación de seis personas del transbordador espacial Columbia STS-87. El Columbia se lanzó el 19 de noviembre de 1997, con Chawla a bordo, a cargo de desplegar el satélite Spartan.

En 2000, Chawla fue seleccionada nuevamente para unirse a una nueva tripulación para una misión a bordo del mismo transbordador espacial, pero el viaje se pospuso hasta 2003. Chawla finalmente salió de la Tierra nuevamente el 16 de enero de 2003, a bordo del Columbia con otros seis astronautas. El lanzamiento fue exitoso, excepto que una pieza del aislamiento de espuma del transbordador se separó del cuerpo de la nave y golpeó el ala izquierda de la nave espacial. La tripulación pasó su tiempo en el espacio realizando experimentos naturales y documentando los efectos de los viajes espaciales en el cuerpo humano. Su regreso a la Tierra fue solo unas semanas después, el 1 de febrero, pero debido a su daño anterior, el transbordador se volvió inestable durante su reingreso a la atmósfera y se separó. Chawla y sus compañeros de tripulación fueron asesinados, lo que llevó a la puesta a tierra del programa del transbordador espacial durante varios años después. Pocos días después del accidente, el primer ministro de la India, Atal Bihari Vajpayee, renombró la serie meteorológica de satélites del programa espacial "Kalpana-1".

En los años posteriores al desastre de Columbia, las misiones espaciales tripuladas quedaron en espera, pero ISRO estaba lejos de estar inactivo. Se realizó una intensa investigación sobre tecnología satelital, cohetes, recuperación de cápsulas, resolución de problemas y mucho, mucho más. En 2013, India envió un orbitador a Marte, un paso importante que puso su programa a la par con departamentos similares de la Administración Nacional de Aeronáutica y del Espacio de Estados Unidos. ISRO no solo había llevado a cabo la misma misión exitosa que la NASA, sino que lo había hecho por diez veces menos dinero. En una industria donde los proyectos siempre tienen un alto precio, la capacidad de armar equipos de alta calidad y bajo costo es verdaderamente revolucionaria.

Las victorias siguieron llegando en la década de 2010 para el programa espacial de la India. En 2016, ISRO envió 28 satélites en órbita desde Indonesia, Alemania, Estados Unidos y Canadá. Y tres años antes de esto, en 2013, habían creado su propio sistema de navegación por satélite: el IRNSS. El Sistema Satelital de Navegación Regional de la India se desarrolló para brindar a los científicos y astronautas de la India acceso primario a los sistemas de navegación satelital en lugar de depender del uso cooperativo de los sistemas operados por otras naciones. El precedente para tal tecnología se estableció en 1999 cuando India y Pakistán se involucraron en un conflicto armado tras el descubrimiento de insurgentes militares paquistaníes disfrazados que cruzaban la frontera en Cachemira. La escaramuza duró dos meses, tiempo durante el cual a ISRO se le negó el acceso al sistema de navegación por satélite estadounidense.

El programa espacial de la India continúa obstinadamente, expandiéndose en lugar de reducirse como lo hicieron muchos otros programas espaciales nacionales después de la emoción inicial del alunizaje. Para 2022, ISRO espera comenzar a enviar más astronautas indios al espacio para misiones exploratorias que involucren la luna, Marte, asteroides cercanos y potencialmente Venus.

Epílogo

"He vivido una vida larga y estoy orgulloso de haber pasado toda mi vida al servicio de mi gente. Solo estoy orgulloso de esto y nada más. Seguiré sirviendo hasta mi último aliento, y cuando muera, puedo decir que cada gota de mi sangre vigorizará a la India y la fortalecerá".

(Indira Gandhi)

Reestructurar a India después de que se independizó del dominio británico no fue fácil. La división entre India y Pakistán había separado a las comunidades con lazos culturales y había unido a otras de religiones opuestas. Muchas personas murieron en sucesivas reorganizaciones minuciosas de la frontera destinadas a mantener a los musulmanes en el norte y a los hindúes en el sur. Millones de personas cruzaron la frontera a pie, llevando sus pertenencias y otros miembros de la familia, con la esperanza de vivir hombro con hombro con familias de su propia fe. Han existido problemas continuos entre las regiones vecinas.

En general, la India de hoy es una tierra de paz, oportunidad y diversidad. En el Himalaya indio, donde los caminos de los antiguos Sarasvati se encontraron con los de los tibetanos, los nepaleses y los chinos, reina el budismo y la simplicidad. Hace frío y es escaso entre los picos donde las familias envían a sus hijos mayores a los monasterios para aprender las enseñanzas del Dalai Lama. Además de las escasas comunidades religiosas, las montañas y las mesetas adyacentes están habitadas por algunas tribus nómadas persistentes. Subsisten en gran medida con gachas de cebada y leche de yak, y en los duros meses de invierno comparten su propio suministro de alimentos con el ganado.

En las ciudades, las compañías tecnológicas han surgido en masa, convirtiendo a las empresas de TI en el mayor empleador del sector privado de la India. La industria automotriz, el software y la TI constituyen una parte importante de la economía del país, con la agricultura como el mayor empleador. La economía de la India es la economía principal de más rápido crecimiento en el mundo, gracias a una población educada, diversos recursos y la posición del país dentro de múltiples facetas del mercado digital / de comunicaciones. El servicio al cliente y las líneas de ayuda son una de las mayores exportaciones del país, y todo se basa en los recursos humanos. La capacidad de la mayoría de los indios, incluso décadas después del Raj británico, de hablar y escribir en inglés ha tenido un efecto indudablemente positivo en esta parte particular de la economía moderna de la India.

Aunque el hindi es formalmente el primer idioma de la India, el inglés y su alfabeto son una parte casi inextricable del mercado laboral, la publicidad e incluso la industria del entretenimiento del país. La persistencia del inglés ha sido buena para el crecimiento de la India, pero su uso es frustrante para muchos indios modernos que saben muy bien que proviene de una era de colonialismo injusto. Algunos están haciendo esfuerzos para reforzar el uso de los idiomas más históricos de la India, incluidos el bengalí, el konkani y el marathi.

El sistema de castas sigue siendo una parte muy arraigada de la vida de los más de 1.300 millones de habitantes del país. El gobierno, los grupos de activistas e incluso sectas religiosas han realizado esfuerzos concertados, pero las trincheras excavadas por miles de años de tradición son profundas. En muchos casos, los empleadores pasan por alto a los candidatos brahmanes en un intento de compensar las injusticias del pasado, y esto solo crea la disparidad opuesta. Aun así, en promedio, que el cinco por ciento de la población de Brahmin está más educado y mejor pagado que el resto. Sin embargo, las mujeres están haciendo una aparición determinada en el lugar de trabajo, y este es quizás el mensaje positivo que algunos empleadores y familias tradicionalistas deben notar para comprender los beneficios de dejar ir algunas partes del pasado.

La República de la India mantiene estrechos vínculos con el Reino Unido, pero se esfuerza por desarrollarse una vez más como una tierra de recursos y cultura únicos. La mayoría de los ciudadanos consideran que la relación existente entre India y el Reino Unido es positiva. Muchos estudiantes universitarios abandonan la India para emprender sus estudios postsecundarios en el Reino Unido, mientras que los productores indios todavía venden especias y alimentos a los británicos que parecen no obtener suficiente curry. Las dos naciones intercambian turistas, inmigrantes a largo plazo, chefs, empresarios y mucho más, y ese gran acuerdo comercial continúa creciendo.

En cuanto al manjar robado de China, India sigue siendo el segundo mayor productor de té del mundo (detrás de China), cultivando 1.3 millones de toneladas métricas de té anualmente, es decir, alrededor de 1.4 millones de toneladas. Además, beben alrededor del 70 por ciento de ese rendimiento, principalmente como una mezcla de chai. Muy diferente de las preparaciones de té chino o inglés, el té chai indio utiliza una mezcla de variadas especies de hojas de té, elaboradas junto con especias como canela, cardamomo y clavo. Cuando el té es lo suficientemente fuerte, se endulza delicadamente y se completa con unas cuidadosas gotas de leche.

Esa fragante, compleja y satisfactoria taza de té chai es, tal vez, la metáfora perfecta para una tierra que puede tomar mil dioses, miles de millones de vidas y una docena de idiomas y producir algunas de las piezas de arte más coloridas, hermosas y perdurables del mundo, literatura e historia.

Vea más libros escritos por Captivating History

Referencias

"Indus-Sarasvati Civilization". The Human Journey. Recuperado de https://www.humanjourney.us/ideas-that-shaped-our-modern-world-section/early-civilizations-harappa/

"Una Traducción de los Edictos de Asoka".

http://www.katinkahesselink.net/tibet/asoka1.html

Traducción en inglés de Brahma Net Sutra.

http://www.purifymind.com/BrahmaNetSutra.htm

BBC News. "Cocinando el curry más antiguo del mundo".

https://www.bbc.com/news/world-asia-india-36415079

Visser, Margaret. *El Independiente*. "El Ritual De La Cena: Cómo La Comida Puede Dividirnos". https://www.independent.co.uk/life-style/food-and-drink/rituals-dinner-food-eating-india-social-barriers-division-a7982406.html

The New York Times. "La Hambruna en India".

https://www.nytimes.com/1861/03/30/archives/the-famine-in-india.html

UPI. "Natives beaten down by police in India salt bed raid". 21 mayo 1930. Recuperado

de htttps://www.upi.com/Archives/1930/05/21/Natives-beaten-down-by-police-in-India-salt-bed-raid/5882104113261/.

www.ingramcontent.com/pod-product-compliance
Lightning Source LLC
LaVergne TN
LVHW041644060526
838200LV00040B/1706